Willkommen in Weimar!

Dr. Steffen Raßloff   Mark Schmidt

Die meisten Besucher Weimars zieht es heute an die Ilm, um in der Kulturstadt den großen Dichtern und Denkern der Weimarer Klassik nachzuspüren und dem Wirken des Bauhauses nachzugehen. Nicht ohne Grund stehen deren Erinnerungsstätten auf der UNESCO-Welterbeliste. Jene Mischung aus dem »Geist der Goethezeit« und der »Wiege der Moderne« macht die große Anziehungskraft der Stadt aus. Zugleich bekennt sich Weimar offen zu seinen dunklen Kapiteln, greifbar und ergreifend in der nahen Gedenkstätte Buchenwald erfahrbar.

Aber auch als Ort der Reformation spielt Weimar eine nicht unerhebliche Rolle. Die kursächsische Residenz sah den Reformator häufig als Gast. Er präzisierte hier seine Herrschaftslehre, die in die »Obrigkeitsschrift« von 1523 einfloss. Die Reformation setzte sich unter Obhut der Kurfürsten und Herzöge rasch durch. Auch nach dem Verlust der Kurwürde durch die Ernestiner betrachtete sich die herzoglich-sächsische Kleinstaaten-Residenz als den Hort des Luthertums. Hieran erinnern zahlreiche Kulturschätze in Museen, Bibliotheken und Archiven. In der Herderkirche findet sich mit dem Cranach-Altar eine der bekanntesten Darstellungen lutherischer Theologie.

Wir heißen Sie herzlich willkommen in der Kulturstadt Weimar und laden Sie ein, diesen deutschen Symbolort neben Klassik und Bauhaus auch auf den Spuren der Reformation kennenzulernen. Der Mythos dieser kleinen Stadt und das lebendige Kulturleben in ihren Theatern und Museen, auf Straßen und Plätzen werden viele bleibende Eindrücke hinterlassen, wenn Sie in Weimar selbst auf Entdeckungsreise gehen.

Die Herausgeber

Dr. Steffen Raßloff
Verantwortlicher Redakteur

Mark Schmidt
Leiter Marketing der weimar GmbH

Inhalt

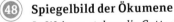

46 Kirchen der Stadt

REFORMATION UND KLASSIK AUF EINEN BLICK — *Von der Terrasse des Goethe- und Schiller-Archivs schaut man über die Weimarer Altstadt mit den buchstäblich herausragenden Erinnerungsorten Residenzschloss (links) und Herderkirche (rechts).*

STADTFÜHRUNG

Ein Stadtbummel durch das beschauliche Weimar führt an zahlreichen authentischen Orten und hochkarätigen musealen Einrichtungen der Kulturgeschichte vorbei. Das Spektrum reicht hierbei von der Reformationsgeschichte über das klassische Zeitalter Goethes bis hin zum Bauhaus. Aber auch das zeitgenössische Kulturleben hat einiges zu bieten.

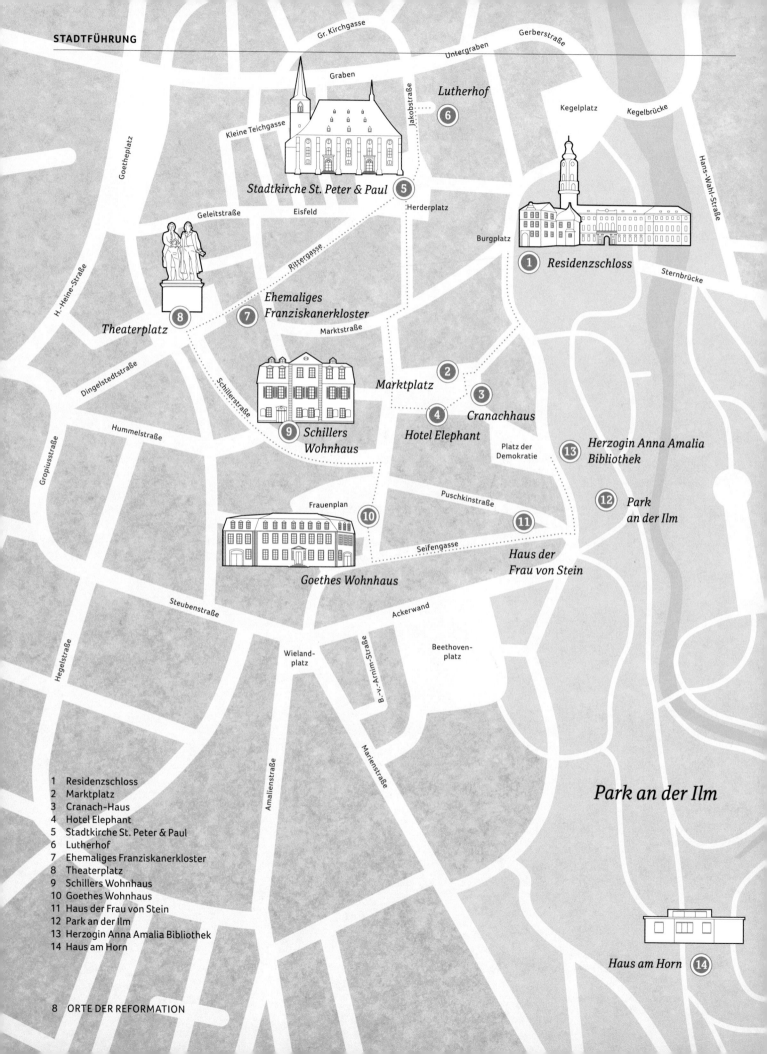

Gr. Kirchgasse

Gerberstraße

Untergraben

Graben

Lutherhof

Kegelplatz

Kegelbrücke

⑥

Kleine Teichgasse

Goetheplatz

Jakobstraße

Hans-Wahl-Straße

Geleitstraße

Eisfeld

Herderplatz

Stadtkirche St. Peter & Paul ⑤

Burgplatz

① *Residenzschloss*

H.-Heine-Straße

Rittergasse

Sternbrücke

Theaterplatz

⑧

⑦

Ehemaliges Franziskanerkloster

Marktstraße

Dingelstedtstraße

Schillerstraße

Marktplatz

②

③

Cranachhaus

Hummelstraße

④

⑨ *Schillers Wohnhaus*

Hotel Elephant

Platz der Demokratie

⑬ *Herzogin Anna Amalia Bibliothek*

Gropiusstraße

Frauenplan

Puschkinstraße

⑫ *Park an der Ilm*

⑩

⑪

Goethes Wohnhaus

Seifengasse

Haus der Frau von Stein

Steubenstraße

Ackerwand

Hegelstraße

Wieland-platz

B.-v.-Arnim-Straße

Beethoven-platz

Park an der Ilm

Amalienstraße

Marienstraße

1 Residenzschloss
2 Marktplatz
3 Cranach-Haus
4 Hotel Elephant
5 Stadtkirche St. Peter & Paul
6 Lutherhof
7 Ehemaliges Franziskanerkloster
8 Theaterplatz
9 Schillers Wohnhaus
10 Goethes Wohnhaus
11 Haus der Frau von Stein
12 Park an der Ilm
13 Herzogin Anna Amalia Bibliothek
14 Haus am Horn

Haus am Horn ⑭

»Nun sag, wie hast Du's mit der Religion?«

In Weimar lassen sich neben Klassik und Bauhaus viele unentdeckte Spuren der Reformation finden

—

VON JAYNE OBST UND MARK SCHMIDT

Die Geschichte als Residenzstadt ist in Weimar allgegenwärtig, wie hier mit dem Wappen in der Kollegiengasse

»Nun sag, wie hast Du's mit der Religion?« Johann Wolfgang von Goethe (1749–1832) lässt Gretchen diese Frage stellen, um ihren Zweifel an Fausts rechtem Glauben auszudrücken. Doch auch das Weimar des 16. Jahrhunderts war ein Schauplatz der Auseinandersetzung um den rechten Glauben. Einer Auseinandersetzung, die mit Luthers Thesenanschlag 1517 begann und die zur Reformation und zur Spaltung der christlichen Kirche führte. Als Goethe sich 1775 auf Einladung Herzog Carl Augusts von Sachsen-Weimar-Eisenach in Weimar niederließ, war es für das kleine Herzogtum schon Tradition, sich mit Geistesgrößen und Denkern der jeweiligen Zeit zu umgeben. Gut 200 Jahre vorher, im Jahre 1552, war Weimar die Residenzstadt der Ernestiner geworden. Der Aufstieg Weimars begann in den Wirren der Reformation, die nicht nur den christlichen Glauben erneuerte und spaltete, die politischen Machtverhältnisse in Europa durcheinanderwirbelte, sondern auch die kleine Stadt an der Ilm zu einem politischen und kulturellen Kristallisationspunkt Europas werden ließ.

Der Spaziergang zu den Orten der Reformation in Weimar beginnt am ehemaligen Residenzschloss (1) am Burgplatz in der Nähe des Marktes. Hier liegen die Anfänge der erst kurfürstlichen und dann herzoglichen Residenzstadt Weimar, ausgelöst durch die Ereignisse der Reformation.

Seit der Leipziger Teilung 1485 gehörte Weimar zum Gebiet der ernestinischen Kurfürsten. Unter Friedrich dem Weisen, Gründer der Wittenberger Universität und Schutzherr Luthers, war Weimar Nebenresidenz der Ernestiner. Vom Schloss aus wurden durch Friedrichs Bruder und Nachfolger Johann den Beständigen die thüringischen Besitztümer der Ernestiner verwaltet. Auch Johanns Sohn Kurfürst Johann Friedrich der Großmütige betätigte sich als entschiedener Fürsprecher der Reformation.

Nach der Niederlage des Schmalkaldischen Bundes gegen Kaiser Karl V. und seinen albertinischen Vetter Herzog Moritz von Sachsen 1547 verlor Johann Friedrich jedoch alle nichtthüringischen Gebiete und die Kurwürde. Aus der kaiserlichen Gefangenschaft zurückgekehrt, machte er Weimar und sein Schloss 1552 zur herzoglichen Residenz.

Martin Luther war als Augustinermönch aus dem nahen Erfurt einige Male nach Weimar gekommen. Sein erster längerer Aufenthalt, nunmehr als Professor für Theologie an der Universität in Wittenberg, lässt sich auf den 28./29. September 1518 datieren. Auf seiner Reise von Wittenberg nach Augsburg zum Verhör durch den päpstlichen Gesandten Cajetan traf er in Weimar seinen Freund Georg Spalatin. Mit dem Geheimsekretär Friedrichs des Weisen diskutierte er über die neuesten Entwicklungen in der Auseinandersetzung mit Rom und predigte erstmals in der Schlosskirche. Am 19. Oktober 1522 predigte er erneut zwei Mal in der Schlosskirche, dann zwischen dem 24. und 26. Oktober täglich in Weimar, auch in der Stadtkirche St. Peter und Paul (»Herderkirche«). Am 4. Februar 1537 folgte auf dem Weg zu einer Tagung des Schmalkaldischen Bundes eine weitere Predigt in Weimar. Schließlich wurde der 57-jährige Luther im Sommer 1540 nach Weimar gerufen, als dort sein engster Verbündeter und Freund Philipp Melanch-

Residenzschloss von der Ilmbrücke aus

thon seine Reise wegen schwerer Erkrankung abbrechen musste. Nachdem selbst der aus Erfurt herbeigeholte Mediziner Caspar Sturz ratlos war, geschah das »Wunder«. Obwohl in Luthers Augen Magister Philipp »wahrlich tot gewesen«, ist er »wie Lazarus vom Tod auferstanden. Gott der Vater erhörte unser Gebet, das sehen und greifen wir«.

Beim heutigen klassizistischen Erscheinungsbild des Schlosses fällt es schwer, sich die mittelalterliche Burg und die Situation der damaligen Schlosskirche darin vorzustellen. Die Wasserburg »Hornstein« war der Nachfolgebau der schon Ende des 10. Jahrhunderts erwähnten ersten Festung, die 1424 einem Großbrand zum Opfer fiel. Die neue Burg war ein »längliches nord-südlich gerichtetes Rechteck« mit drei Eingängen: einer beim sogenannten »Hausmannsturm« im Südwesten, einer in der Nordwestecke (stadtseitig) und einer mittig auf der Ostseite zur Ilm hin. Der Turm war ein Überbleibsel der ersten Festung, und dessen unterer Sockel datiert aus dem 10. Jahrhundert. (▶ S. 22)

Vom Turm aus führt der Stadtrundgang durch die später sogenannte »Bastille« über die Straße und zwischen dem Residenz Café (rechts) und dem Gelben Schloss (links) in Richtung Marktplatz ②. Der Neptunbrunnen, der älteste noch erhaltene Brunnen Weimars aus dem Jahre 1567, war ursprünglich mit dem Wappentier des Herzogtums, einem Löwen, geschmückt. Ihm gegenüber befindet sich das neue Rathaus aus dem Jahre 1841. Martin Luther wird dessen Vorgänger gekannt haben, der wenige Jahre

nach dem Stadtbrand von 1424 errichtet wurde. Den Renaissance-Umbau (1560/83) hat er nicht mehr erlebt. Dieses Renaissance-Rathaus brannte im 19. Jahrhundert vollständig ab.

Auf der gegenüberliegenden Markseite steht ein dunkelgraues, mit bunter Stuckornamentik verziertes Haus im Renaissancestil, das Cranach-Haus ③. Hofbaumeister Nicol Gromann errichtete diese zwei Häuser gleicher Gestalt 1547/49. Der Bauherr des linken Gebäudes (Nr. 11) war Kanzler Christian Brück, der seinen 80-jährigen Schwiegervater Lucas Cranach den Älteren hier im Jahre 1552 aufnahm. Der Hofmaler Johann Friedrichs des Großmütigen hatte die fünf Arrestjahre seit der Niederlage von 1547 mit seinem Landesherrn verbracht und folgte ihm in die Residenzstadt an der Ilm. Hier begann Cranach in seinem letzten Lebensjahr die Arbeit an dem großen Altar-Triptychon für die Stadtkirche St. Peter und Paul, das sein Sohn vollenden sollte. Wir werden dieses Bild auf unserem Rundgang bei der Besichtigung der Stadtkirche näher betrachten können (▶ S. 16).

An der Südseite des Marktplatzes befindet sich das Hotel Elephant ④. An seiner linken Seite schloss sich in der Häuserfassade das ehemalige Wohnhaus Johann Sebastian Bachs (1685–1750) an, wo der damalige Hoforganist und seine Frau Maria Barbara, deren Schwester und bis zu sechs gemeinsame Kinder lebten. Die berühmten Söhne Wilhelm Friedemann und Carl Phillip Emanuel Bach wurden hier geboren. Leider sind heute nur die Kellerräume

erhalten. Das Haus wurde ab 1803 vom damaligen Hotel zum Erbprinzen mitgenutzt und 1988 wegen Baufälligkeit zusammen mit dem Rest des Hotels abgerissen.

Herzog Wilhelm Ernst hatte Johann Sebastian Bach 1708 als Hoforganist berufen. Bach spielte Geige in der Hofkapelle und wurde 1714 Konzertmeister. Als ihm jedoch 1717 die freiwerdende Hofkapellmeisterstelle verweigert wurde, übernahm er eine ähnliche Position in Köthen. Allerdings wurde er nach seinem Entlassungsgesuch vom Weimarer Herzog unter Arrest gestellt und musste fünf Wochen in der »Bastille« des Residenzschlosses verbringen. Bach erlebte in Weimar eine höchst produktive Zeit, insbesondere auf dem Gebiet des Kantatenschaffens. Bachs Musik gilt heute als Gipfelpunkt der lutherischen Kirchenmusik und als »musikalischer Ausdruck der Reformation«.

Vom Markt aus führt die Kaufstraße in nördliche Richtung zum heutigen Herderplatz, der von der im Volksmund inzwischen als Herderkirche bezeichneten Stadtkirche St. Peter und Paul ⑤ dominiert wird. Johann Sebastian Bach hat in dieser Kirche auch einige Male die Orgel gespielt. Vier seiner Kinder wurden in der Kirche getauft, was eine familiäre Bindung an dieses Gotteshaus vermuten lässt. Bach hat das Innere der Kirche weitgehend in einem Zustand erlebt, den auch Martin Luther bei seinen Besuchen im 16. Jahrhundert vorgefunden hat. Aus dieser Zeit existiert jedoch heute nur noch die Außenhülle mit ihren Strebepfeilern, während die prächtige Kanzel später entstand. (▶ S. 16)

Obwohl es bis heute nicht nachgewiesen werden konnte, soll Luther in der heutigen Luthergasse 1 bei Johann Burkhardt, dem Bruder von Georg Spalatin, einige Male übernachtet haben. In jenem »Lutherhof« ⑥ wohnte von 1773 bis 1777 Christoph Martin Wieland. 1821 richtete Johannes Daniel Falk hier ein Heim für Waisenkinder ein, das erste seiner Art in Deutschland. (▶ S. 44)

Das ehemalige Franziskanerkloster ⑦ wurde 1453 von Herzog Wilhelm III. unter dem Eindruck der Bußpredigten des Franziskaners Johannes Capistran gestiftet. Martin Luther sollte hier 1518 übernachten. Zusammen mit Philipp Melanchthon griff er in die in dieser Zeit vorherrschenden Kompetenzstreitigkeiten zwischen den Franziskanern und den Hofgeistlichen ein. Herzog Johann von Sachsen ließ die Gegner der Franziskaner gewähren und war nur bedacht, es nicht zum Klostersturm kommen zu lassen. Seit der Einführung der Reformation 1522 beschränkte sich der Wirkungskreis der Franziskaner allein auf ihre Klöster.

Nach der Kirchen- und Schulvisitation von 1533 verließen die bis dahin noch geduldeten Mönche, begleitet von drei Ratsherren, die Stadt und wurden von Albrecht von Meuselbach in Schwerstedt aufgenommen. Nachdem die im Kloster bestatteten Angehörigen des Fürstenhauses in die Stadtkirche

Deutsches National-
theater mit dem
Denkmal für Goethe
und Schiller

umgebettet worden waren, wurden die Kloster-
räume zu Wohn- und Wirtschaftszwecken umfunk-
tioniert. Vom Klosterkomplex ist heute nur noch der
Hauptbau erhalten, in dem sich die Kirche befand.
Er wurde im Inneren völlig umgebaut, als 1874 die
von Franz Liszt gegründete Orchesterschule, die
heutige Hochschule für Musik FRANZ LISZT, die
Nutzung des Gebäudes übernahm.

Weiter geht es durch das schmiedeeiserne Tor
über den Hof des Wittumspalais. Das Stadtpalais,
der Altersruhesitz der Herzoginmutter Anna Amalia, wurde 1767 für den Bauherrn Jakob Friedrich
Freiherr von Fritsch durch Landbaumeister Johann
Gottfried Schlegel erbaut. Die Mutter von Herzog
Carl August übte 16 Jahre lang die Regentschaft
aus, nachdem ihr Gatte Herzog Ernst August II. Con-
stantin bereits 1758 verstorben war. Nach dem
Schlossbrand im Jahre 1774 erwarb die erst 35 Jahre
alte Herzoginmutter dieses Stadtschloss, um hier
ihren Lebensabend zu verbringen. Das Palais wird
seither im Volksmund »Wittumspalais« genannt.
Heute kann man an dem weitgehend originalmöb-
lierten Interieur ein hervorragendes Beispiel aristo-
kratischen Lebensstils im ausgehenden 18. Jahrhundert erleben.

Wenige Stufen geht es auf der rechten Seite des
Hofes hinauf, dann nach links zum Theaterplatz ⑧.
Der Platz wird vom Deutschen Nationaltheater dominiert. Hier ließ der junge Herzog Carl August 1780
das erste freistehende Theater seiner Residenzstadt, das Komödienhaus, erbauen, das folglich in
die Geschichte als Spielstätte der Weimarer Klassik
einging. Goethe und Schiller waren hier als Schriftsteller und Regisseure tätig. Fast alle ihre Stücke
wurden an diesem Theater aufgeführt, meist als Uraufführungen. In dieser Zeit erfreuten sich auch
Mozarts Opernwerke in Weimar großer Beliebtheit,
zum Teil in eigens dafür angefertigten deutschen
Übersetzungen.

Im Jahre 1825 brannte das von 1791 bis 1817
durch Goethe geleitete Hoftheater nieder. In nur
sechs Monaten entstand ein neues Theater, in dem
unter anderen die Hofkapellmeister Johann Nepo-
muk Hummel, Franz Liszt und Richard Strauss diri-
gierten. Zu zahlreichen Uraufführungen gehörten
die Opern Lohengrin von Richard Wagner (1850)
und Hänsel und Gretel von Engelbert Humperdinck
(1893). 1908 wurde das Gebäude abgerissen und
durch das heutige, repräsentativere Gebäude ersetzt. Die Nationalversammlung der ersten deutschen Republik tagte 1919 im Saal des Theaters, um
eine Verfassung zu erarbeiten, die von hier aus am
11. August 1919 in Kraft trat. Zur gleichen Zeit
wurde es in Deutsches Nationaltheater umbenannt
und die Stadt zur Namenspatronin der Weimarer
Republik. In den Jahren des Nationalsozialismus

wurde das Theater zur Inszenierung der nationalsozialistischen Machthaber benutzt. Schwere Beschädigungen erlitt das Gebäude im Zweiten Weltkrieg und wurde nach Kriegsende schnell wieder aufgebaut. Seit 1948 ist das heutige Staatstheater der renommierte Spielort für Musiktheater, Sprechtheater und die Staatskapelle Weimar.

Das Doppelstandbild von Goethe und Schiller vor dem Theater wurde anlässlich des 100-jährigen Geburtstags Herzog Carl Augusts im Jahre 1857

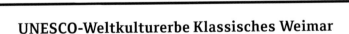

vom Bildhauer Ernst Rietschel geschaffen und ist zum Symbol für die Kulturstadt Weimar geworden.

Direkt in den Theaterplatz mündet die heutige Schillerstraße. Etwa in deren Mitte auf der linken Seite befindet sich Schillers Wohnhaus ⑨. Es ist das älteste Wohnhaus in dieser Straße und wurde 1777 an der »Esplanade« gebaut, wie die Promenade damals hieß. Vom Dichter wurde es 1802 als Wohnhaus für sich und seine Familie erworben. Hier verbrachte Friedrich Schiller die letzten drei Jahre seines Lebens. In seinem Arbeitszimmer (2. Stock rechts) entstanden unter anderem die historischen Dramen Die Braut von Messina und Wilhelm Tell. Hier starb Schiller am 9. Mai 1805 im Alter von nur 45 Jahren.

Das geräumige barocke Bürgerhaus am Frauenplan aus dem Jahre 1709 war fast 50 Jahre lang Goethes Wohnhaus ⑩. Schon ab 1782 nutzte er einige

Räume als Mietwohnung während der Wintermonate. Nach seiner Rückkehr aus Italien 1788 bat er den Herzog, ihm das gesamte Anwesen als Wohnhaus zu überlassen. 1792 konnte der Dichter das Haus mit seiner Lebensgefährtin Christiane Vulpius und Sohn August übernehmen. Am 22. März 1832 starb er hier in seinem 83. Lebensjahr. Das angrenzende Goethe-Nationalmuseum wurde 1885 gegründet. Der letzte Enkel, Walther Wolfgang von Goethe, hatte testamentarisch verfügt, dass Goethes literarischer Nachlass in den Besitz der Großherzogin Sophie übergehen sollte, während die Liegenschaften und Sammlungen des Dichters dem Sachsen-Weimarischen Staat vermacht wurden. In den beiden Museumsanbauten (1913/35) befinden sich heute das zentrale Foyer, ein Museumsshop, Ausstellungsräume, Schaumagazine und Studienräume. Die ständige Ausstellung »Lebensfluten – Tatensturm« veranschaulicht Goethes Leben und Wirken.

Am anderen Ende der »Seifengasse« befindet sich das Haus der Frau von Stein ⑪. Hier lebte die verheiratete ehemalige Hofdame, mit der Goethe in den ersten elf Weimarer Jahren eine platonische Liebesbeziehung unterhielt. Goethes etwa 1700 überlieferten Briefe an Frau von Stein zeugen von einer intellektuellen Seelenverwandtschaft, wie Goethe diese Beziehung charakterisierte. Seine ge-

UNESCO-Weltkulturerbe Klassisches Weimar

Seit 1998 gehören elf Teile des klassischen Weimars – zumeist »assoziative« Denkmäler, deren Wert sich aus der Verbindung von historischem Geschehen, baulicher Hülle und authentischer Ausstattung bildet – zum UNESCO-Weltkulturerbe. Diese Weltkulturerbestätten sind: Goethes Wohnhaus, Schillers Wohnhaus, die Herderstätten (Stadtkirche, Herderhaus und Altes Gymnasium),

das Stadtschloss, das Wittumspalais, die Herzogin Anna Amalia Bibliothek, der Park an der Ilm (mit Römischem Haus, Goethes Garten und Gartenhaus), der Schlosspark Belvedere mit Schloss und Orangerie, Schloss und Schlosspark Ettersburg, Schloss und Schlosspark Tiefurt und die Fürstengruft mit dem Historischen Friedhof.

wurde das Theater zur Inszenierung der nationalsozialistischen Machthaber benutzt. Schwere Beschädigungen erlitt das Gebäude im Zweiten Weltkrieg und wurde nach Kriegsende schnell wieder aufgebaut. Seit 1948 ist das heutige Staatstheater der renommierte Spielort für Musiktheater, Sprechtheater und die Staatskapelle Weimar.

Das Doppelstandbild von Goethe und Schiller vor dem Theater wurde anlässlich des 100-jährigen Geburtstags Herzog Carl Augusts im Jahre 1857 vom Bildhauer Ernst Rietschel geschaffen und ist zum Symbol für die Kulturstadt Weimar geworden.

Direkt in den Theaterplatz mündet die heutige Schillerstraße. Etwa in deren Mitte auf der linken Seite befindet sich Schillers Wohnhaus ⑨. Es ist das älteste Wohnhaus in dieser Straße und wurde 1777 an der »Esplanade« gebaut, wie die Promenade damals hieß. Vom Dichter wurde es 1802 als Wohnhaus für sich und seine Familie erworben. Hier verbrachte Friedrich Schiller die letzten drei Jahre seines Lebens. In seinem Arbeitszimmer (2. Stock rechts) entstanden unter anderem die historischen Dramen Die Braut von Messina und Wilhelm Tell. Hier starb Schiller am 9. Mai 1805 im Alter von nur 45 Jahren.

Das geräumige barocke Bürgerhaus am Frauenplan aus dem Jahre 1709 war fast 50 Jahre lang Goethes Wohnhaus ⑩. Schon ab 1782 nutzte er einige

Räume als Mietwohnung während der Wintermonate. Nach seiner Rückkehr aus Italien 1788 bat er den Herzog, ihm das gesamte Anwesen als Wohnhaus zu überlassen. 1792 konnte der Dichter das Haus mit seiner Lebensgefährtin Christiane Vulpius und Sohn August übernehmen. Am 22. März 1832 starb er hier in seinem 83. Lebensjahr. Das angrenzende Goethe-Nationalmuseum wurde 1885 gegründet. Der letzte Enkel, Walther Wolfgang von Goethe, hatte testamentarisch verfügt, dass Goethes literarischer Nachlass in den Besitz der Großherzogin Sophie übergehen sollte, während die Liegenschaften und Sammlungen des Dichters dem Sachsen-Weimarischen Staat vermacht wurden. In den beiden Museumsanbauten (1913/35) befinden sich heute das zentrale Foyer, ein Museumsshop, Ausstellungsräume, Schaumagazine und Studienräume. Die ständige Ausstellung »Lebensfluten – Tatensturm« veranschaulicht Goethes Leben und Wirken.

Am anderen Ende der »Seifengasse« befindet sich das Haus der Frau von Stein ⑪. Hier lebte die verheiratete ehemalige Hofdame, mit der Goethe in den ersten elf Weimarer Jahren eine platonische Liebesbeziehung unterhielt. Goethes etwa 1700 überlieferten Briefe an Frau von Stein zeugen von einer intellektuellen Seelenverwandtschaft, wie Goethe diese Beziehung charakterisierte. Seine ge-

◄ Gedenktafel am ehemaligen Franziskanerkloster

▼ Goethes Wohnhaus am Frauenplan

UNESCO-Weltkulturerbe Klassisches Weimar

Seit 1998 gehören elf Teile des klassischen Weimars – zumeist »assoziative« Denkmäler, deren Wert sich aus der Verbindung von historischem Geschehen, baulicher Hülle und authentischer Ausstattung bildet – zum UNESCO-Weltkulturerbe. Diese Weltkulturerbestätten sind: Goethes Wohnhaus, Schillers Wohnhaus, die Herderstätten (Stadtkirche, Herderhaus und Altes Gymnasium),

das Stadtschloss, das Wittumspalais, die Herzogin Anna Amalia Bibliothek, der Park an der Ilm (mit Römischem Haus, Goethes Garten und Gartenhaus), der Schlosspark Belvedere mit Schloss und Orangerie, Schloss und Schlosspark Ettersburg, Schloss und Schlosspark Tiefurt und die Fürstengruft mit dem Historischen Friedhof.

Im Goethe-National-
museum findet sich
auch dieses bekannte
Gemälde des Dichters
von Friedrich Dürck
(1809–1884)

heime Abreise von Karlsbad nach Italien im September 1786 war der Anfang vom Ende der Freundschaft. Bald nach seiner Rückkehr verliebte er sich in die 23-jährige Christiane Vulpius, mit der er 28 Jahre lang zusammenlebte. Das Anwesen am Rande des Parks an der Ilm ist heute in privater Hand.

Inspiriert durch den Wörlitzer Park bei Dessau nahmen sich Herzog Carl August und Johann Wolfgang von Goethe zusammen mit dem wohlhabenden Unternehmer und Laienbotaniker Friedrich Justin Bertuch 50 Jahre Zeit für die Anlage des Ilm-Parks ⑫. Vom Residenzschloss aus zieht sich der Landschaftspark im englischen Stil zwei Kilometer durch die Ilm-Auen bis zum Dorf Oberweimar. Mit seinen sorgfältig ausgesuchten Sichtachsen, geschwungenen Wegen, natürlich wirkenden Baumpflanzungen, Sitzplätzen und Parkarchitekturen entspricht der Park dem Stil des Englischen Gartens, der sich gerade Mitte des 18. Jahrhunderts auf dem Kontinent wachsender Beliebtheit erfreute.

Direkt am Park gelegen ist das 1565 erbaute »Grüne Schlösschen«. Hier eröffnete Herzogin Anna Amalia nach einem Umbau 1761/66 eine der ersten

öffentlichen Bibliotheken Europas, in der Goethe 35 Jahre lang als Direktor wirkte. Durch den wachsenden Bestand wurde es notwendig, an der Südseite einen Anbau zu errichten, den der Geheimrat selbst entwarf. 20 Jahre später wurde der ehemalige Wehrturm in einen Bibliotheksturm umgebaut. Zu Goethes 100. Geburtstag 1849 erhielt das Hauptgebäude eine nördliche Erweiterung um zwei Fensterachsen. Die Herzogin Anna Amalia Bibliothek ⑬ ist mit dem 2005 eröffneten Studienzentrum eine moderne Forschungsbibliothek mit einer Sammlung von ca. einer Million Einheiten. Der Schwerpunkt liegt auf der Kultur- und Literaturgeschichte um 1800, doch bewahrt sie literarische Zeugnisse vom 9. bis zum 21. Jahrhundert auf. Neben der weltgrößten Faust-Sammlung und der größten Shakespeare-Sammlung Deutschlands befindet sich hier auch die wertvolle Luther-Bibel von 1534 mit Farbillustrationen von Lucas Cranach d. Ä. Das durch den Brand im Jahre 2004 beschädigte historische Bibliotheksgebäude ist wieder geöffnet und kann jeden Tag (außer montags) von maximal 290 Personen besucht werden. (▶ S. 40). ●

▶ **JAYNE OBST**
ist Stadtführerin in Weimar.

▼
Haus am Horn

Das Bauhaus kommt aus Weimar

Mit der Ankunft des Belgiers Henry van de Velde erreichte die Moderne 1902 Weimar. Van de Velde eröffnete das Kunstgewerbliche Seminar, ent-

warf das Gebäude der Kunst- und Kunstgewerbeschule (heute Bauhaus-Universität), verband Kunst mit Handwerk und schlug vor, Walter Gropius nach Weimar zu holen. Gropius begründete hier 1919 das Staatliche Bauhaus. Als moderne Schule für Gestaltung sollte es in den 1920er Jahren Weltbedeutung erlangen. Architektonisch verwirklichte sich das frühe Bauhaus in einem einzigartigen Gebäude: dem 1923 als Musterhaus entstandenen Haus am Horn ⑭. Der Schwerpunkt der Arbeit am Weimarer

Bauhaus lag in der bildenden Kunst, im Design und in den darstellenden Künsten. Aus politischen Gründen musste das Bauhaus 1925 Weimar verlassen und nach Dessau umziehen. Seit 1996 gehören die Weimarer und Dessauer Stätten des Bauhauses gemeinsam zum UNESCO-Welterbe. Um die große Weimarer Sammlung an Bauhaus-Objekten präsentieren zu können, errichtet die Klassik Stiftung Weimar zum 100-jährigen Bauhausjubiläum 2019 ein neues Bauhaus-Museum.

Reformations-ort und Klassikerstätte

Die Stadtkirche St. Peter und Paul gilt nicht nur wegen folgenreicher Luther-Predigten und ihres Cranach-Altars als Ort der Reformationsgeschichte. Als »Herderkirche« gehört sie auch zum klassischen Weimar und ist Zentrum eines lebendigen Gemeindelebens

---

VON HENRICH HERBST

»**H**erderkirche« nennen die Weimarer liebevoll ihre Stadtkirche. Dabei beziehen sie sich auf den Generalsuperintendenten Johann Gottfried Herder (1744–1803), der hier von 1776 bis zu seinem Tod als Prediger und in der Funktion eines Bischofs für das Herzogtum Sachsen-Weimar-Eisenach wirkte. Eigentlich heißt sie Stadtkirche St. Peter und Paul. Dieser Name deutet schon darauf hin, dass ihre Geschichte weiter zurückreicht.

Die erste Kirche an dieser Stelle wurde bereits im 13. Jahrhundert erwähnt. Beim großen Stadtbrand 1424 wurde sie beschädigt. Von der Erneuerung berichtet uns eine Steintafel an der Chorostwand mit ihrer lateinischen Inschrift. Der erste Stein des neuen Werkes wurde am Johannestag 1498 gelegt und der Bau wurde nach zwei Jahren vollendet. Die Tafel weist mit der Darstellung von Schlüssel und Kreuz auf die Schutzpatrone Peter und Paul hin. Auch wenn beim Bau auf vorhandenes Mauerwerk zurückgegriffen wurde, handelt es sich doch um eine beachtlich kurze Bauzeit. Der Grundriss dieser spätgotischen Kirche und die Anordnung der Säulen, Fenster und Pfeiler sind noch originalgetreu. Zur spätgotischen Ausstattung gehören der achteckige Taufstein, die später barock umkleidete Kanzel und das Fragment eines Freskos. Die freigelegte

◄
Herderkirche

Blick in den Kirchenraum

Gestaltung der Treppenwange zeigt die gotische Verzierung, wie Martin Luther sie gesehen hat, als er zum ersten Mal in der Weimarer Stadtkirche predigte. Wertvolle Abendmahlskelche aus gotischer Zeit sind bis heute im liturgischen Gebrauch der Gemeinde.

Der Reformationsort

Herzog Johann von Sachsen unterstützte die Reformation in Weimar. Am 17. April 1524 berief er Johannes Grau auf Empfehlung Luthers an die Stadtkirche. Grau wurde der erste evangelische Pfarrer und vier Jahre später der erste Superintendent in Weimar. Mit ihm, der wegen seiner Heirat aus Kronach vertrieben worden war, kam auch seine Frau nach Weimar. So wurde aus dem altehrwürdigen Predigerhaus hinter der Kirche nun ein evangelisches Pfarrhaus. Das ist es bis heute. In der Kirche wechselten sich zunächst der katholische und der evangelische Gottesdienst noch ein ganzes Jahr lang ab. Erst seit dem Auszug der Franziskaner 1525 wurde kein katholischer Gottesdienst mehr gefeiert. Zwei Chorbücher im Archiv der Stadtkirche (um 1540) dokumentieren früheste liturgische Chormusik des lutherischen Gottesdienstes. Die Predigten wurden offenbar länger, denn es musste nun ein Gestühl gezimmert werden. Die Altäre, auch der große gotische Hauptaltar, gingen verloren.

Mehrmals predigte Martin Luther in der Stadtkirche und in der Schlosskapelle. Aus den Predigten von 1522 ging 1523 seine Schrift »Von weltlicher Obrigkeit« hervor (▶ S. 38). Mit der Unterscheidung

Der Altar von Lucas Cranach d. J. in der Stadtkirche St. Peter und Paul (1555)

Lucas Cranach der Jüngere malte mit dem nach ihm benannten Altar eine lutherische Predigt. Er schuf so eine Zusammenfassung der reformatorischen Lehre, in deren Mittelpunkt der Erlöser Christus steht. Der Altar ist zugleich ein Bestandteil der Grablege des Kurfürsten Johann Friedrich und seiner Gemahlin Sybille von Jülich-Cleve. Der Wahlspruch des Kurfürsten »Verbum Domini manet in eternum« (Das Wort des Herrn bleibt in Ewigkeit) findet sich abgekürzt (VDME) an seinem Grab und im Vorhang über dem Fürstenpaar auf dem linken Altarflügel eingewirkt. Der rechte Altarflügel zeigt ihre drei Söhne. Die Außenseiten der Altarflügel zeigen Anfang und Ende der irdischen Wirksamkeit Christi, seine Taufe und seine Himmelfahrt. In der Mitte des Bildes steht Christus als der Gekreuzigte. Christus ist auch der, der

als Lamm Gottes die Schuld der Welt trägt. Die Kreuzesfahne weist auf den Ostersieg hin. Links vom Gekreuzigten steht wiederum Christus. Nun, als der Auferstandene, besiegt er Tod und Teufel. Drei Männer stehen rechts vom Kreuz. Johannes der Täufer weist auf Christus am Kreuz und auf das Lamm. Der Mann in der Mitte ist der Vater des Künstlers, Lucas Cranach d. Ä. Ein Mensch wie alle Menschen inmitten der biblischen Szenen. Ein Blutstrahl ergießt sich aus der Wunde Christi auf seinen Kopf. Der Blutstrahl zeigt: Die Gnade und Liebe Gottes gilt allen Menschen. Martin Luther findet Christus in der Bibel und weist auf drei Bibelstellen hin. Sie erzählen von Gottes Liebe und der Möglichkeit eines neuen Anfangs, auch wenn Schuld und Sünde dies scheinbar verhindern (Hebr 4,16; 1Joh 1,7b). Über den Männern wird anschaulich,

was in der dritten Bibelstelle (Joh 3,14) steht. Zelte erinnern an das wandernde Gottesvolk Israel und an seinen Weg in die Freiheit aus der Knechtschaft in Ägypten. Inmitten der Zelte steht, wie ein Hinweis auf das Kreuz Jesus, ein Kreuz mit einer Schlange. Von ihr erhoffen sich die Israeliten Rettung, wenn sie nach Gottes Weisung zu ihr blicken. Links vom Gekreuzigten läuft eine Gestalt mit erhobenen Armen einem Feuer entgegen. Daneben zeigt Mose den Ältesten des Volkes Israel die Zehn Gebote. Adam, der Mensch, ist unfähig, die Gebote Gottes zu halten, und rennt in den Tod. Das Leben wäre verloren, würde nicht oben der Weihnachtsengel den Hirten auf dem Feld vor Bethlehem den Frieden verkündigen: »Ehre sei Gott in der Höhe und Friede auf Erden und den Menschen ein Wohlgefallen« (Lk 2,14).

des weltlichen und geistlichen Regiments entwarf Luther in Weimar eine der Voraussetzungen für den modernen Staat.

Die Niederlage der Ernestiner im Schmalkaldischen Krieg 1547 hatte für Weimar und seine Kirche enorme Auswirkungen. Johann Friedrich der Großmütige und seine Frau Sybille machten Weimar zum Sitz ihrer Hofhaltung, und die Stadtkirche wurde Hauptkirche des Herzogtums. Die Grablege des Herzogpaares prägt den Chor der Stadtkirche noch immer. Lucas Cranach d. J. schuf mit dem Altar 1555 das entsprechende lutherische Bildprogramm. Unverändert ist der Altar bis heute an seinem originalen Standort und in seiner liturgischen Funktion für die Gemeinde bewahrt. Außerdem prägen Grabdenkmale der Landesherren und ihrer Familienangehörigen den Kirchenraum. Herzogin Anna Amalia ist die letzte Monarchin der Ernestiner, die 1807 in der Stadtkirche vor dem Altar begraben wurde.

Als Maler des Luther-Triptychons (1572) gilt Veit Thiem. Er war ein Schüler Cranachs und Sohn einer alten Weimarer Bürgerfamilie. Das dreiteilige Werk zeigt Martin Luther als Augustinermönch, als Junker Jörg und als Magister. Weil unter jedem Bild der entsprechende Lebensabschnitt in Versform erklärt wird, kann man meinen, dass es katechetischen Zwecken diente.

Barocke Residenzkirche und Bachstätte

Die große barocke Umgestaltung erfuhr die Kirche 1735/45 unter der Regierung Ernst Augusts und unter der Leitung des Landbaumeisters Johann Adolf Richter. Die Kirche erhielt nun ein barockgeschmücktes Gewölbe. Damit alle Platz fanden, wurden die zweistöckigen Emporen eingebaut. Die gotischen Fenster wurden durch größere ersetzt, denn durch den Einbau der Emporen fehlte es an Licht. Mit dem Einbau des noch erhalten Orgelprospektes nach Entwürfen von Clemens Wenzeslaus Coudray war dieser Umbau abgeschlossen. Der Glockenturm und der kleine Dachreiter blieben unverändert erhalten. Innen sind der Cranach-Altar und der gotische Taufstein bewahrt.

An diesem Taufstein stand auch der Lutheraner Johann Sebastian Bach mit seiner Familie (▶ S. 35).

Als Bach in Weimar Hoforganist war, hatte sein Vetter Johann Gottfried Walther die Stelle als Stadtkirchenorganist inne. Die Cousins verband überdies nicht nur die Musik, sondern eine enge Freundschaft. Dass Bach an der Stadtkirchenorgel musizierte, kann man vermuten. Auf jeden Fall fanden die Taufen der nichtadeligen Hofbediensteten hier in der Kirche statt. In den Weimarer Kirchenbüchern kann man nachlesen, dass die beiden berühmten Söhne Wilhelm Friedemann (1710) und Carl Philipp Emanuel (1714) in der Stadtkirche getauft wurden.

Cranach-Altar

»Herderkirche« und Herderhaus

Am 24. Oktober 1766 hielt Johann Gottfried Herder seine Antrittspredigt in der barocken Kirche. Auf Empfehlung Wielands und mit Unterstützung Goethes erhielt er die Stelle des Weimarer Generalsuperintendenten. Am 1. Oktober hatte er mit seiner Frau Karoline und zwei Kindern die Superintendentur bezogen. Hier wurden dem Paar noch vier weitere Söhne und eine Tochter geboren. Der dreigeschossige Barockbau mit dem hohen Mansarddach in unmittelbarer Nähe der Stadtkirche ist bis heute Wohn- und Dienstsitz des Superintendenten von Weimar und beherbergt Diensträume von Kirchen-

Johann Gottfried
Herder, Gemälde von
Johann Friedrich
August Tischbein
(1796)

kreis und Kirchengemeinde. Das 1727 entstandene Haus, in dem Herder bis zu seinem Tod lebte, ist ein schönes Beispiel gehobener bürgerlicher Wohnkultur des 18. und 19. Jahrhunderts in Weimar. Haus, Hof und Garten, Diensträume und Privates sind eng verflochten. Vom Vorgängerbau aus der Renaissance zeugen mehrere Fenster- und Portalgewände sowie Gewölberäume. Die repräsentativen Räume mit ihren Stuckdecken und zweiflügligen Türen sind großzügig. Historische Einrichtungsstücke weisen auf die Tradition des Hauses hin. Im Herderhaus werden Erinnerungsstücke aus Herders Besitz aufbewahrt, z. B. ein Ring, den Goethe Herders Sohn August zum Patengeschenk machte. Zum Pfarrhaus gehört der schmale Hof, der zum Garten hin von einer Bruchsteinmauer begrenzt wird. Seit 1998 sind das Herderhaus und die Stadtkirche Bestandteil des UNESCO-Welterbes Klassisches Weimar.

Der Garten des Superintendenten, auch »Herdergarten« genannt, wurde nach historischen Vorlagen im Jahr 2003 denkmalpflegerisch umgestaltet. Seine Tür steht zu den Öffnungszeiten weit auf. Am schönsten ist der Garten im Juni, wenn die alten Rosensorten blühen. Das Café Caroline im Erdgeschoss des Hauses ist benannt nach Herders Frau. Hier gibt es selbstgebackene Kuchen und mittags eine kleine Karte.

Johann Gottfried Herder ist der Theologe unter den Klassikern. Seine Freundschaft zu Goethe war spannungsvoll. Mit Herzogin Anna Amalia und Herzogin Luise verband ihn eine geistige Verwandtschaft. Die Größen seiner Zeit fanden den Weg in sein Pfarrhaus, zum Beispiel Matthias Claudius. Er war der Patenonkel von Herders erstem Sohn August und widmete der Familie das Lied »Der Mond ist aufgegangen«. Herder war Theologe, Schriftsteller, Aufklärer, Prediger, Humanist und Reformer: Er beginnt, wie Luther, bei der Sprache. Dann ergreift sein Denken schier alle Bereiche, wie z. B. die Liturgie, die Ausbildung der Pfarrer und Lehrer, die Schulen. Herder stirbt 1803 und wird in der Nacht des 18. Dezembers in der Stadtkirche begraben. Auf der Grabplatte mit seinem Siegelbild lesen wir Herders Wahlspruch: »Licht Liebe Leben«. Die »Deutschen aller Länder« stifteten ihm das erste Weimarer Dichterdenkmal 1850 vor der Kirche. Bei der Einweihung musizierte Franz Liszt. Er gab, wie auch Felix Mendelssohn Bartholdy, Konzerte in der Herderkirche.

Umbrüche und Aufbrüche

Das 20. Jahrhundert mit seinen politischen Brüchen, mit Versagen und Neuanfang hinterließ auch im Leben der Herderkirche Spuren. 1919 predigte der Superintendent zu den Abgeordneten der Nationalversammlung.

Fast unmerklich, aber folgenschwer, war ein scheinbar kleiner baulicher Eingriff. 1938 konnten sich die Nationalsozialisten in der evangelischen Kirche mit einem Antrag im Gemeindekirchenrat durchsetzen und ließen die hebräischen Buchstaben des Gottesnamens an der Kanzel und den Davidstern an der Fürstenloge entfernen. Als dann in Weimar die jüdische Bevölkerung Opfer der Pogrome vom 9. November 1938 wurde und Juden aus ganz Thüringen im KZ Buchenwald eingesperrt, misshandelt und schließlich ermordet wurden, hörte man aus der Herderkirche nichts.

Stumm ragten die mächtigen Säulen der Stadtkirche in den offenen Himmel: Mehrere Angriffe der Alliierten haben sie am 9. Februar 1945 fast völlig zerstört. Zum Glück wurde der Cranach-Altar nicht beschädigt, er war geschützt.

Bewegend war die Christvesper 1950 inmitten von Trümmern, aber schon unter den Gerüsten des Wiederaufbaus. Das Konzept des langwierigen Wiederaufbaus will die gotische Kirche darstellen und die Erinnerung an die Weimarer Klassik wachhalten. Zu den Spendern, die den Wiederaufbau unterstützten, gehörte auch Thomas Mann. Er stiftete das Preisgeld von 20.000 DM, das er anlässlich der Verleihung des Goethepreises in Weimar erhalten hatte. 1953 wurde die Herderkirche endlich in einem festlichen Gottesdienst wieder eingeweiht.

Restlos überfüllt war die Herderkirche am 4. Oktober 1989. In ihr größtes Gotteshaus hatte die Gemeinde zum Friedensgebet eingeladen, das unter dem biblischen Motto »Suchet der Stadt Bestes« (Jeremia 29,7) begann. An diesem Abend schlossen sich tausende Besucher dem Anliegen eines »Offenen Briefes« an. In diesem Brief wurde der Rat des Bezirkes Erfurt zu einem ehrlichen Dialog über die anstehenden Fragen der Menschenrechte, der Ökologie, aber auch z. B. der medizinischen Versorgung aufgefordert. Auch in Weimar endeten die regelmäßigen Friedensgebete mit gewaltfreien Demonstrationen.

Seit 2013 gehört die Herderkirche zur internationalen Nagelkreuzgemeinschaft. Täglich versammelt sich eine Gemeinde am Nagelkreuz von Coventry und betet für Frieden und Versöhnung.

Inzwischen hat die Stadtkirche zwei Gemeinden. Die Ortsgemeinde feiert hier ihre Gottesdienste und pflegt mit dem Bachchor, der Singschule, dem Ensemble Hofmusik und dem Weimarer Orgelsommer ihr reiches kirchenmusikalisches Erbe. Die andere Gemeinde der Stadtkirche nennen wir die »Gemeinde auf Zeit«. Fast 200.000 Touristen betreten jährlich die offene Kirche. Staunend stehen sie vor dem großartigen Altar, sitzen Erholung suchend in den Bänken oder zünden am Nagelkreuz betend eine Kerze an. Zu Herders 269. Geburtstag, dem 25. August 2013, wurde das Herderzentrum neben der Kirche eingeweiht.

Der Kirchenladen an der Ecke ist unser Besucherzentrum. Dort kann man Bücher und Bibeln genauso wie Konzertkarten kaufen. Hier erhält man Informationen über die nächste Kirchenführung und die Kirchengemeinde. Das Herderzentrum verbindet moderne Architektur und denkmalgeschützte Bauten und zeigt so, dass die Evangelische Kirche in Weimar eine lange Tradition und eine lebendige Gegenwart hat. ●

▶ **HENRICH HERBST**
ist Superintendent des Ev.-Luth. Kirchenkreises Weimar und Pfarrer an der Stadtkirche St. Peter und Paul (Herderkirche).

Auf den Spuren von »Herzog Hans«

Das Weimarer Stadtschloss war kurfürstliche Residenz und bedeutender Schauplatz der Reformation

—

VON KAI FISCHER

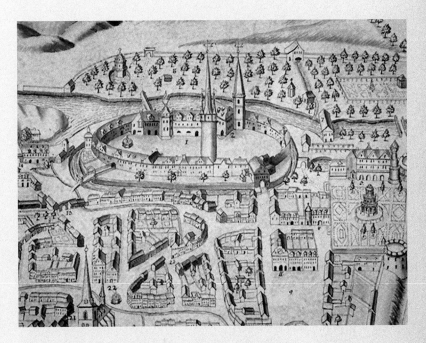

Als Martin Luther im Oktober 1522 seine bekannte Predigt von der weltlichen Obrigkeit im Beisein von Herzog Johann von Sachsen und dessen Sohn Johann Friedrich in der Schlosskirche zu Weimar hielt, war die sprichwörtliche Farbe auf den Wänden des Sakralbaus noch nicht lange getrocknet. Erst kurz zuvor war das in das Weimarer Schloss integrierte Gotteshaus als Hallenbau mit zwei Emporen fertiggestellt worden. Der Bau der Schlosskirche ab 1519 war zugleich Höhepunkt des Ausbaus der alten Weimarer Wasserburg Hornstein an der Ilm zur prachtvollen Residenz der kursächsischen Herzöge. Sie wurde später zum Vorbild für den ersten protestantischen Kirchenbau – die Schlosskirche in Schloss Hartenfels in Torgau.

Der Beginn der Residenzgeschichte in Weimar fällt indes schon in das frühe 16. Jahrhundert. Den Auftakt bildete der Befehl des in Wittenberg und Torgau residierenden sächsisch-ernestinischen Kurfürsten Friedrich der Weise und seines Bruders Herzog Johann von Sachsen vom März 1503, den Ausbau des Weimarer Schlosses zur fürstlichen Residenz zu beginnen. In der Folge entwickelte sich das Residenzschloss zu einem der zentralen Orte der Reformation und ist als solcher in einer Reihe mit Wittenberg oder Torgau zu nennen. Zwei Brandkatastrophen und die Zeitläufe der Jahrhunderte haben das Wissen darum nur verwischen lassen. Eine Suche nach den Spuren der Reformationszeit in der Weimarer Residenz ist deshalb noch immer lohnend.

Weit in das Mittelalter des 10. Jahrhunderts hinein reichen die Ursprünge des Weimarer Schlosses, der Wasserburg Hornstein. Zeugnis von dieser Zeit geben lediglich Urkunden. Der älteste, heute noch sichtbare Teil ist der steinerne Turmschaft des Hausmannsturms aus der Mitte des 13. Jahrhunderts. Er ist damit eines der ältesten erhaltenen Bauwerke des mittelalterlichen Weimars. Herzog Johann ließ ab 1514 mit Hausmannsturm und Schlossturm die Türme des Schlosses repräsentativ gestalten. Nach seiner Hochzeit mit Margarete von Anhalt 1513 – Johanns erste Frau Sophie von Mecklenburg war zehn Jahre zuvor nach der Geburt des Sohnes Johann Friedrich gestorben – bezog Johann das Schloss zu Weimar als Residenz. Die herzogli-

chen Wohn- und Saalbauten wurden anstelle der früheren Burgbauten am Ostflügel entlang der Ilm fertiggestellt. Der alte Burgturm bekam eine große, von vier kleineren Türmen eingefasste Spitzhaube – seit 1735 krönt ihn der beeindruckende barocke Turmaufsatz Gottfried Heinrich Krohnes. Zwei Gesellen aus der Wittenberger Werkstatt Lucas Cranachs gestalteten 1515 auf dem Turmschaft ein monumentales Bildnis des heiligen Christophorus, des Schutzheiligen, der auf seinen Schultern das Christuskind trägt und dessen Anblick vor dem plötzlichen Tod schützen soll. Lange nach der Reformation wurde das Bild des in der Volksfrömmigkeit wohl noch immer bedeutsamen Heiligen noch einmal erneuert. Heute ist es auf dem Turm längst verloren.

»Herzog Hans« setzt in Weimar auf Luther und die Reformation

Das Verhältnis Johanns von Sachsen und des Weimarer Hofes zu Luther war stets ein besonderes. Die Geschichtsschreibung nannte lange zumeist dessen Bruder Friedrich den Weisen als Beschützer und Förderer des Reformators. Friedrich jedoch blieb – im Gegensatz zu seinem Bruder – dem alten Glauben verhaftet. Erst 1525 auf dem Totenbett empfing er das Abendmahl in beiderlei Gestalt. Luther hatte sich alsbald an Johann und dessen Sohn orientiert. Beide ließen sich bereits im März 1522 von Luther instruieren, wie das Heilige Abendmahl einzunehmen sei. Überhaupt unterhielt Luther eine sehr

Der Stadtplan von Johannes Wolff von 1596 zeigt die herzoglichen Wohn- und Saalbauten entlang der Ilm mit dem Turm der Schlosskirche St. Martin und die markante gotische Spitzhaube des Hausmannsturms

◄
Das Torgebäude und die herzoglichen Verwaltungsbauten der Bastille sind heute die einzigen noch sichtbaren kurfürstlichen Bauten der Weimarer Residenz

enge, nahezu freundschaftliche Beziehung zu »Herzog Hans«, auf den er schon recht früh große Hoffnung setzte. So waren sowohl der Ort der Scheinentführung Luthers nach dem Reichstag von Worms wie auch sein Zufluchtsort auf der Wartburg sicherlich nicht zufällig auf dem Herrschaftsgebiet Herzog Johanns gelegen.

Die Bauernaufstände unter Thomas Müntzer und deren blutige Niederwerfung in der Schlacht bei Frankenhausen schließlich machten für Johann – der nach dem Tod seines Bruders die Kurfürstenwürde übernahm – ein institutionalisiertes Zusammengehen von Herrschaft und lutherischer Reformation notwendig. Am 17. August 1525 ließ Johann alle Geistlichen des Amtes Weimar in das Schloss einbestellen. Dort ermahnte der Hofprediger Wolfgang Stein sie zunächst zu sittlichem Lebenswandel. Wem das nicht gelinge, der möge heiraten, um den unkeuschen Umgang der Geistlichkeit zu beenden. Im Anschluss verlas Rat Friedrich von Dohna den fürstlichen Befehl, dass von nun an alle Prediger und Geistlichen »das heilige Evangelium und Gottes Wort, lauter, rein und klar und was demgemäß ist, ohne alle menschlichen Zusätze und Einmischungen zu lehren und zu predigen« haben. Nach der Verlegung des Hofes des nunmehrigen Kurfürsten Johann nach Wittenberg solle dieser Befehl im gesamten Kurfürstentum Sachsen gelten, Zuwiderhandlungen sollen bestraft werden und zum Verlust des geistlichen Amtes führen.

Damit hatte sich das Kurfürstentum Sachsen auf Befehl seines Kurfürsten Johann von der Papstkirche losgesagt. Nicht erst auf dem Reichstag des darauffolgenden Jahres in Speyer, sondern im Weimarer Schloss nahm dieser Weg seinen Anfang. In der Folge konnte sich das landesherrliche Kirchenregiment entwickeln, das dem Fürsten neben der höchsten weltlichen auch die höchste geistliche Macht innerhalb seines Territoriums einräumte. Die

▶
Zu den bekanntesten Gemälden Lucas Cranachs d. Ä. gehören die Bildnisse Johann Friedrichs von Sachsen...

bereits im Befehl vom 17. August 1525 angekündigte »Reformation und Ordnung« schließlich, in der die neuen kirchlichen Zeremonien und geistlichen Amtsverrichtungen geregelt werden sollten, wurde Anfang 1526 von Luther erarbeitet und gedruckt. Bald darauf übernahmen auch andere Fürsten innerhalb und außerhalb des Reiches das in Weimar entwickelte neue Modell einer von der römischen Papstkirche losgelösten, reformierten Kirche, die in das Herrschaftssystem des Fürsten eingebunden ist.

Ausbau der kursächsischen bzw. herzoglichen Residenz

1531 wurde Weimar mit Torgau und Coburg zu einer der Hauptresidenzen der sächsischen Kurfürsten. Kurz darauf errichtete man über dem Tor eine Kanzlei – die Räume für die Verwaltungsbehörde des Regenten. Wenige Jahre darauf erweiterte der fürstliche Baumeister Nikolaus Gromann das Tor- und Kanzleigebäude um weitere Anbauten und Stockwerke: das heutige Gebäudeensemble der Bastille. Das Tor bekam eine aufwändige bauplastische Portaleinfassung. Diese Gebäude sind seit Jahrhunderten mit nur wenigen Umbauten erhalten und bilden heute die einzigen noch sichtbaren kurfürstlichen Bauten in Weimar.

Als schließlich Johann Friedrich, der 1532 das Kurfürstentum von seinem Vater Johann übernommen hatte, im Verlauf des Schmalkaldischen Krieges in der Schlacht bei Mühlberg gefangen genommen wurde, nahm die »Urkatastrophe« des ernestinischen Fürstengeschlechts ihren unheilvollen Lauf. Kaiser Karl V. verurteilte den Kurfürsten zum Tode und erwirkte so die Wittenberger Kapitulation, durch die Johann Friedrich die Kurfürstenwürde, große Teile seines Territoriums und seiner Einnahmen verlor. Der Fürst war damit auf zunächst unbestimmte Zeit Gefangener des Kaisers.

Weimar war die einzige verbliebene Residenz der Ernestiner. Alle beweglichen Güter, das Archiv und die berühmte Biblioteca electoralis, die bereits Friedrich der Weise anzulegen begonnen hatte, wurden in einer gewaltigen »Translatio« aus Wittenberg nach Weimar verbracht. Die Bibliothek wurde bald darauf zum Grundstock der neugegründeten Jenaer Universität.

Aus der Gefangenschaft des Kaisers kehrte Herzog Johann Friedrich von Sachsen erst 1552 nach Weimar zurück. Er durfte sich nur noch »geborener Kurfürst« nennen. Mit ihm gemeinsam zog Lucas Cranach d. Ä. triumphal in die Stadt ein. Der auch damals schon berühmte Maler hatte 1547 die Wittenberger Werkstatt an seinen Sohn Lucas Cranach d. J. übergeben und war auf Drängen seines Dienstherrn diesem 1550 an den Hof des Kaisers gefolgt. Erst in Weimar wurde Cranach auf Lebenszeit als Hofmaler bestallt – eine späte Sicherheit für den Mann Ende der Siebzig. Heute wissen wir von einer Malerstube Cranachs im sogenannten Grünen Haus an der Ostseite des Schlosses. Teile des Grünen Hauses sind noch immer im Erdgeschoss des Ostflügels an der Ilm zu sehen.

Katastrophen und Neubauten

Am 2. April 1618 ging das Schloss der sächsischen Herzöge in Flammen auf: Nach den Versuchen des Goldmachers Samuel Kluge in der Schlossapotheke vernichtete ein Großbrand den gesamten Ostflügel des Hauses mit der Schlosskirche und den fürstlichen Wohnräumen, die Saalbauten, das Grüne Haus und den nordöstlichen Eckturm. Lediglich die Bauwerke an der Süd- und Westseite des Schlosses einschließlich des Schlossturms und dem Gebäude der Bastille blieben verschont. Die daraufhin bis 1664 erbaute barocke Wilhelmsburg vernichtete 1774

wiederum ein Großbrand. Nur die Außenmauern der drei Schlossflügel blieben bestehen und bildeten in der Folge die barocke Bauhülle für den Wiederaufbau um 1800 unter der Beteiligung Goethes. Besucht man heute das Weimarer Residenzschloss, meint man deshalb, in erster Linie einen Bau des Klassizismus zu erleben. Nicht zuletzt ist die heutige Vierflügelanlage an der Ilm eng mit den Namen der Weimarer Fürstenfamilie der Ernestiner des 19. Jahrhunderts verbunden: dem Großherzog und Goethe-Vertrauten Carl August, der Zarentochter und Großherzogin Maria Pawlowna, dem Kunstförderer und liberalen Großherzog Carl Alexander. Im Inneren des Baus wird man von großartigen Raumschöpfungen der Goethezeit um 1800 und der Nachklassik empfangen. Vor allem auch das Treppenhaus von Heinrich Gentz, der säulenumstandene Festsaal und die Dichterzimmer des Westflügels sind Raumfolgen mit europäischer Ausstrahlung.

Die Bilder der Reformation findet der Besucher gleich hinter dem Eingang zum Schlossmuseum wieder. Hier entfalten die Gemälde der Cranachs und ihrer Werkstatt ihre Ausstrahlung, sind weitere bedeutende Werke der altdeutschen Kunst zu erleben. Vor allem auch die Graphischen Sammlungen, einige der bedeutendsten ihrer Art in Deutschland, bewahren hunderte Handzeichnungen und Drucke der großen Meister der Renaissance, darunter nahezu komplette Konvolute an Druckgraphik von Dürer und Lucas Cranach d. Ä.   •

◄ ... und Sibylles von Jülich-Cleve-Berg als Brautleute, die im Schlossmuseum ausgestellt sind

► KAI FISCHER M.A.
ist Wissenschaftlicher Mitarbeiter der Klassik Stiftung Weimar.

Weimars genüssliche Seite

VON UTA KÜHNE

Weimars Märkte und Feste ziehen die Besucher aus nah und fern an. Zu Goethes Geburtstag wird vor seinem Haus am Frauenplan das Weinfest gefeiert

Weimar liegt mitten in Thüringen – auch kulinarisch. Dass hier die Thüringer Küche mit all ihren Gerichten auf den Speisekarten vertreten ist, versteht sich von selbst. Die Thüringer Bratwurst, frisch vom Rost, die Thüringer Klöße und das einheimische Bier oder der hier angebaute Wein – Weimars Restaurants bieten die regionalen Gerichte original und in köstlichsten Variationen an. Das Repertoire der Weimarer Gastronomen lässt auch sonst keine Wünsche offen. Für den besten kulinarischen Eindruck sorgen in Weimar Thüringens Spitzenköche, die sich zahlreich in der Kulturstadt versammelt haben und wahre Kochkünstler sind. Sie werden regelmäßig in den einschlägigen Gourmet-Zeitschriften lobend erwähnt und ausgezeichnet.

Unbehelligt ein Bad in der Menge nehmen und dabei das Treiben auf Straßen und Plätzen beobachten, den Blick und die Gedanken schweifen lassen: Weimars Café- und Restaurant-Terrassen verführen zu solchem Tun. Zwischen Museum und Parkspaziergang eine Pause einlegen, sich von Thüringer Blechkuchen und pompösen Torten verführen lassen – Einheimische und Besucher mischen sich bei solcherart Müßiggang. Wer Glück hat, bekommt zum Kaffee noch einen Tipp von freundlichen Weimarern.

▶ **UTA KÜHNE**
ist verantwortlich für die Presse- und Öffentlichkeitsarbeit der weimar GmbH.

Scharf und deftig

Die Kulturstadt ist neben aller historischen Bedeutsamkeit auch eine Stadt voller volkstümlicher Traditionen und Leben. Ob das Weinfest zu Goethes Geburtstag, der Töpfermarkt im Spätsommer, der berühmte Weimarer Zwiebelmarkt im Oktober oder die Weimarer Weihnacht im Advent – Weimars Markttreiben geraten zu Festivitäten, die die Stadt verzaubern.

Das Volksfest mit über 360 Jahren Tradition und großer überregionaler Strahlkraft ist der Weimarer Zwiebelmarkt. Erstmals urkundlich erwähnt wurde er anno 1653 als »Viehe- und Zippelmarckt«. Drei Tage lang ist Weimar immer am zweiten Oktoberwochenende »auf Zwiebel«: Auf dem Kuchen, in der Pfanne, im Zopf, als Gesteck, auf der Krone der Zwiebelmarktkönigin hat sie ihren Auftritt. Das traditionelle Markttreiben bestimmen die Heldrunger Zwiebelbauern mit ihren berühmten Zwiebelrispen, Trockensträußen und Zwiebelschmuck. Allerlei buntes Markttreiben in der gesamten Altstadt und das Musikprogramm auf den fünf Bühnen tun ihr Übriges, um die Besucher auch von nah und fern anzuziehen: Weltmusik, Rock, Pop, Volksmusik, Dixieland werden geboten – der Ausnahmezustand ist vorprogrammiert.

Tradition seit mehr als 360 Jahren:
Die Zwiebelrispen gehören zum Weimarer Zwiebelmarkt

Thüringer Küche und Wein der Region in Traditionsgasthäusern kann man wie hier im Gasthaus »Zum Weißen Schwan« genießen

»Aber kein Genuss ist vorübergehend, denn der Eindruck, den er hinterlässt, ist bleibend.«

Johann Wolfgang von Goethe

Weimars kulinarische Seite genießen: Weimars Café-Terrassen laden dazu ein

ERKLÆRUNG
DERER ZAHLEN
DIESES PLANES
VON DENEN IAH
REN 1591 BIS 1596

WEIN

1. Das Schloss Hornstein
2. Die Schlosskirche S. Martin
3. Das Schloss Hertzog Johann Wilh.
4. Das Hertz. von Sachs. Schloss
5. Der Fürstl. Neue Baum Garten
6. Die Fürstl. Bade Stube
7. Das Fürstl. Fisch-Hauss
8. Die Fürstl. Schleif u. Polir Mühle
9. Der Marckt
10. Das alte Rathhauss
11. Das neue Rathhauss
12. Das Frauen Thor
13. Das innere Kegel Thor
14. Das äussere Kegel Thor
15. Das Jacobs Thor
16. Das Erfurther Thor
17. Das Franciscaner Kloster
18. Cutzelburgers Hauss
19. Lutzelburgers Garten
20. Die Pfar Kirche zu S. Peter u. Paul
21. Die neue Schule
22. Der Holz Marckt
23. Die Born Mühle
24. Der Vieh Marckt
25. Die Ziegel Hütte
26. S. Jacob
27. Der alte Baum Garten
28. Der Kettenborn
29. Der Asbach
30. Das Neue Hospital
31. Die Ilme
32. Das Webicht
33. Das Kleine Hoelzlein.

WINMARIA, FERTILISS. THV
RINGIAE VRBS PRAESTAN
TISSIMA VVLGO *Weinmar*
Johann Wolfius Rector Gymnasy Ratisbonensis FC

PLAN
DER FÜRSTL. SÆCHS. RESIDENZ STADT
WEIMAR
WIE SICH SELBIGE PRÆSENTIRTE IN DEN IAHREN
1591 BIS 1596

VON
FRIEDRICH CHRISTOPH BACH
ARCHIT: ZU WEIM
IN DEM IAHR 1806 ACCURAT
NET

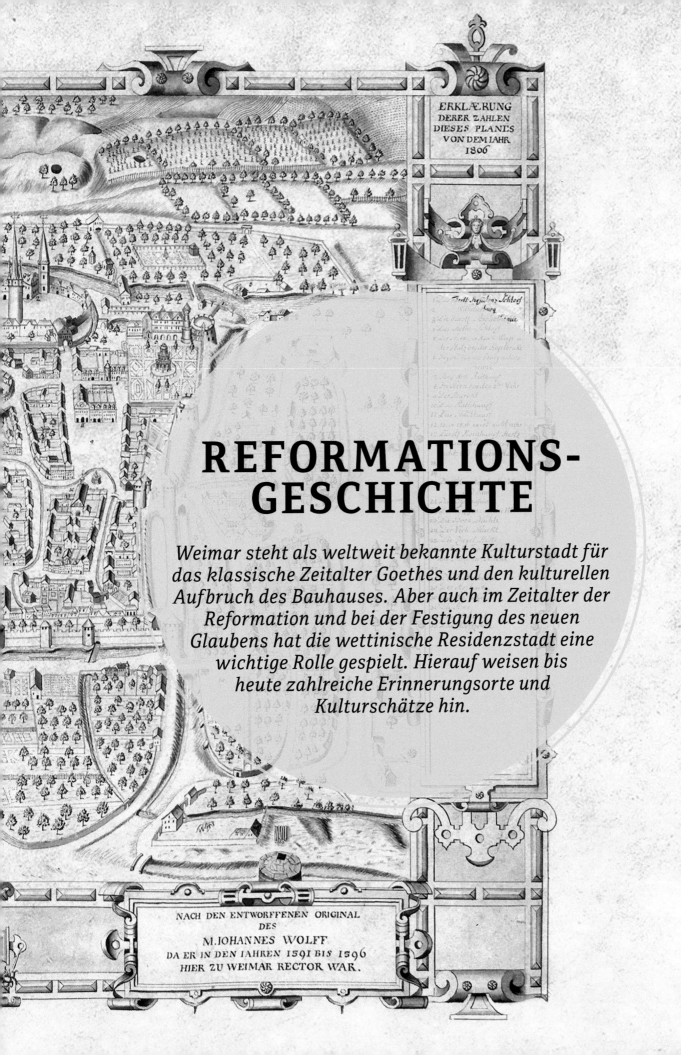

REFORMATIONS-GESCHICHTE

Weimar steht als weltweit bekannte Kulturstadt für das klassische Zeitalter Goethes und den kulturellen Aufbruch des Bauhauses. Aber auch im Zeitalter der Reformation und bei der Festigung des neuen Glaubens hat die wettinische Residenzstadt eine wichtige Rolle gespielt. Hierauf weisen bis heute zahlreiche Erinnerungsorte und Kulturschätze hin.

Kulturstadt zwischen Reformation, Klassik und Moderne

Weimar steht als herausragende Kulturstadt mit Klassik und Bauhaus auf der UNESCO-Welterbeliste. Aber auch die Reformation hat im »Ilm-Athen« deutliche Spuren hinterlassen

VON STEFFEN RASSLOFF

▶ Martin Luther …

Die meisten der zahlreichen Weimar-Besucher zieht es heute an die Ilm, um in der Kulturstadt den Spuren der klassischen deutschen Literatur und des Bauhauses nachzugehen. Nicht ohne Grund stehen deren Erinnerungsstätten auf der UNESCO-Welterbeliste. Das Doppeldenkmal von Goethe und Schiller vor dem Deutschen Nationaltheater erfreut sich internationaler Bekanntheit. Jene Mischung aus dem »Geist des Klassik« und der »Wiege der Moderne« macht die große Anziehungskraft der Stadt aus. Zugleich bekennt sich Weimar offen zu seiner historischen Januskörpfigkeit, befindet sich doch in unmittelbarer Nachbarschaft der einstigen nationalsozialistischen »Muster-Gauhauptstadt« die Gedenkstätte Buchenwald.

Aber auch als Ort der Reformation und ihrer Wirkungsgeschichte besitzt Weimar durchaus Profil. Die kursächsische Residenz sah den Reformator zwischen 1518 und 1540 häufig als Gast. Er formulierte hier 1522 seine Herrschaftslehre, die in die bekannte »Obrigkeitsschrift« einfloss. Klar an Luthers Vorgaben orientiert, setzte sich die Reformation in der Stadt unter Obhut der Kurfürsten und Herzöge rasch durch. Auch nach dem Verlust der Kurwürde durch die Ernestiner blieb die herzoglich-sächsische Kleinstaaten-Residenz ein Hort des Luthertums. In der Herderkirche findet sich mit dem Cranach-Altar eine der bekanntesten bildlichen Darstellungen reformatorischer Theologie.

Kurfürstliche Residenz und Reformation

Das mächtige Fürstengeschlecht der Wettiner verfügte im ausgehenden Mittelalter über ein weite Teile Mitteldeutschlands umfassendes Territorium. Seit 1372 gehörte auch die vormalige Residenz der Grafen von Weimar-Orlamünde hierzu. Die wettinischen Markgrafen von Meißen hatten sich nach dem Aussterben des Landgrafengeschlechts der Ludowinger in einem blutigen Erbfolgekrieg 1247/64 deren Gebiete in Thüringen gesichert und diese weiter ausgebaut. Allerdings kam es nicht zur Festigung eines einheitlichen frühneuzeitlichen Staates. Ursache war die Teilungspraxis der Wettiner. Die Leipziger Teilung von 1485 zwischen den Brüdern Ernst und Albrecht spaltete den Länderkomplex in zwei Linien, aus denen die heutigen Länder Thüringen und Sachsen hervorgehen sollten. Albrecht erhielt die Markgrafschaft Meißen, Gebiete um Leipzig sowie einen Landstreifen im nördlichen Thüringen. Kurfürst Ernst übernahm das mit der Kurwürde verbundene Herzogtum Sachsen-Wittenberg, einen breiten Landstreifen bis nach Zwickau und ins Vogtland sowie die Gebiete um Altenburg, Weimar, Gotha, Eisenach und Coburg.

Unter Kurfürst Friedrich dem Weisen (1486–1525) zählte der ernestinische Staat zu den mächtigsten des Reiches. Eine seiner Residenzen war neben Wittenberg und Torgau die Stadt Weimar. Zugleich wurde das Kurfürstentum Sachsen zu einem der Hauptverfechter der 1517 einsetzenden Reformation. Der Erfurter Augustinermönch Martin Luther (1483–1546) hatte 1511 seinen Lebensmittelpunkt nach Wittenberg verlegt, wo er die theologischen Grundlagen seiner Kirchenreform legte. Die sächsischen Kurfürsten schützten auch nach dem offenen Konflikt mit Papst und Kaiser auf dem Wormser Reichstag 1521 den geächteten Mönch. Luther konnte nach seiner Scheinentführung 1521/22 auf der Wartburg mit der Bibelübersetzung einen weiteren Grundstein für die Durchsetzung der Reformation und für eine deutsche Hochsprache legen. Zugleich wurde die konfessionelle Umgestaltung im Rahmen eines neuen Landeskirchenwesens in den Städten und Gemeinden rasch angegangen.

In Weimar erfolgte die Umsetzung der Reformation weitgehend reibungslos unter Obhut der wettinischen Landesherren. Sie prägten von ihrem Schloss aus in hohem Maße das politisch-gesellschaftliche Leben der Stadt. Insbesondere Herzog Johann, jüngerer Bruder und 1525 Nachfolger von Kurfürst Friedrich, sowie dessen Sohn und Nachfolger Johann Friedrich nahmen sich des Vorhabens von Weimar aus an. Die mit rund 1800 Einwohnern kleine Residenz – Erfurt hatte zehnmal so viele Einwohner, Eisenach, Gotha oder Jena zählten etwa das Doppelte – verfügte zudem über keine reiche unabhängige Bürgerschaft. Der Rat fungierte meist als ausführendes Organ des Herrscherwillens, wobei die Interessen durchaus ähnlich waren.

Insbesondere galt es, den Einfluss des privilegierten Klerus zurückzudrängen. Der Deutsche Orden wurde als Patronatsherr der Stadtkirche St. Peter und Paul ausgeschaltet und verschwand schließlich ebenso wie der Franziskanerorden aus der Stadt. Seit 1521 wirkte in der Schlosskirche der evangelische Prediger Wolfgang Stein aus Zwickau, bald erster Hofprediger. 1524 bestellte der Rat Johannes Grau als Prediger an der Stadtkirche, der 1525 zum ersten evangelischen Stadtpfarrer auf-

rückte. Altkirchliche Gottesdienste wurden von der Obrigkeit verboten, und seit 1523 fanden keine Prozessionen mehr statt. Schon nach wenigen Jahren sollte sich fast die gesamte Bevölkerung zum neuen evangelischen Glauben bekennen.

Martin Luther griff zwischen 1518 und 1540 immer wieder persönlich in das Reformationsgeschehen ein und hielt wegweisende Predigten. Er bestärkte die Ernestiner in ihrer »Reformation von oben«. Das zentrale landesherrliche Kirchenwesen nahm rasch Konturen an. Luther und Hofprediger Stein unternahmen bereits 1524 erste Visitationsreisen in die Umgebung von Weimar. Von weitreichender Bedeutung war Luthers Aufenthalt im Oktober 1522 in Weimar, bei dem er sechs Predigten in der Schloss- und Stadtkirche hielt. Wichtigstes Ergebnis dieses Besuches war die Formulierung von Luthers Herrschaftsverständnis. Auf Bitten von

… und Kurfürst Friedrich der Weise, jeweils gemalt von Lucas Cranach d. Ä., sind im Schlossmuseum Weimar zu sehen

Die Reformation wurde in der kleinen Residenzstadt Weimar unter Obhut der wettinischen Kurfürsten und Herzöge reibungslos durchgesetzt.

Herzog Johann und Hofprediger Stein floss dieses 1523 in die Schrift »Von weltlicher Obrigkeit« mit ihrer »Zwei-Reiche-Lehre« ein (▶ S. 38.).

Machtverlust und Wahrer des Luthertums

Im Schmalkaldischen Bund der protestantischen Reichsstände von 1531 übten die Kurfürsten Johann der Beständige (1525–1532) und Johann Friedrich der Großmütige (1532–1547) eine Führungsrolle aus. Allerdings kostete dies die Ernestiner im Schmalkaldischen Krieg 1546/47 ihre Machtstellung. Nach der Niederlage gegen Kaiser Karl V. und Herzog Moritz von Sachsen in der Schlacht bei Mühlberg an der Elbe am 24. April 1547 gingen die Kurwürde und alle nichtthüringischen Gebiete an die Albertiner über. Diesen gelang die Entwicklung des Kurfürstentums Sachsen zu einem einheitlichen Territorialstaat mit der Hauptstadt Dresden. Johann Friedrich verblieb bis 1552 in Gefangenschaft und residierte danach als Herzog von Sachsen in Weimar. Ihm folgte auch sein Hofmaler Lucas Cranach d. Ä., der im Cranachhaus am Markt seine letzten beiden Lebensjahre verbrachte. Zahlreiche Cranach-Werke, auch vom Sohn Lucas Cranach d. J., sind in Weimar zu bewundern.

1567 scheiterte Johann Friedrichs Sohn, Herzog Johann Friedrich II. (1547–1567), bei dem Versuch, die verlorene Macht zurückzugewinnen. In der Folgezeit spaltete sich der ernestinische Besitz in bis zu zehn Herzogtümer auf. Er trug so zum bunten Bild der thüringischen Kleinstaatenwelt bei, in der die Ernestiner eine gewisse Führungsrolle beanspruchten. Während die meisten ähnlich zersplitterten Regionen etwa im benachbarten Franken mit dem Ende des Alten Reiches nach 1806 von der Landkarte verschwanden, blieben die thüringischen Kleinstaaten bis 1918/20 erhalten. Beginnend mit der Erfurter Teilung 1572 änderte sich immer wieder die Landkarte. Weimar blieb dabei stets herzogliche Residenz. Nach der napoleonischen Zeit rückte das Herzogtum Sachsen-Weimar-Eisenach 1815 zum einzigen Großherzogtum der Ernestiner auf.

Der Weimarer Kleinstaat bildete auch eine eigene evangelische Landeskirche mit dem Herzog als Quasi-Bischof und einem (Ober-)Konsistorium als oberster Kirchenbehörde. Die Ernestiner verstanden sich zudem über den Machtverlust von 1547 hinaus als die eigentlichen Wahrer des Luthertums, während ihre albertinischen Vettern es hiermit weniger genau nahmen und unter August dem Starken 1697 um der polnischen Königskrone willen sogar zum Katholizismus konvertierten. Viele ernestinische Fürsten pflegten mit großem Eifer das protestantische Erbe in Wissenschaft, Kunst und Kultur. So entstand schon 1555 in Weimar mit dem Cranach-Altar der Stadtkirche eine der bekanntesten Darstellungen lutherischer Theologie (▶ S. 18). Dessen Bildprogramm diente »der ernestinischen Selbstbehauptung als Beschützer des ›wahren‹ Glaubens« (Karin Kolb). Es zeigt Lucas Cranach d. Ä. als Künstler, der maßgeblich dazu beigetragen hat, Luthers Lehre im Bild zu verbreiten.

Die 1548/58 gegründete Universität Jena entwickelte sich rasch zu einer Hochburg des Protestantismus. Diese Traditionslinie zieht sich bis hin zur maßgeblichen Gesamtausgabe der Werke Luthers, die als »Weimarer Ausgabe« von 1883 bis 2009 entstand. Wichtige Stätten der Aufarbeitung dieses Erbes bilden heute die Einrichtungen der Klassik Stiftung Weimar und das Thüringische Hauptstaatsarchiv Weimar. Letzteres hat seinen Sitz im ehemaligen Marstall neben dem Schloss; die reichhaltigen Bestände aus der Reformationszeit, dem Schmalkaldischen Bund und dem Herzogtum Weimar befinden sich im historischen Archivgebäude am Beethovenplatz.

◀
Schlossturm vom
Ilmpark aus

Goldenes und Silbernes Zeitalter

Das heutige Bild der Kulturstadt wird am stärksten von der »Weimarer Klassik« geprägt. Im »Goldenen Zeitalter« unter Herzogin Anna Amalia und ihrem Sohn Carl August kamen zahlreiche Geistesgrößen der Zeit wie Christoph Martin Wieland, Johann Wolfgang Goethe, Johann Gottfried Herder und Friedrich Schiller ins »Ilm-Athen«. Man hat in diesem Zusammenhang von einem »dynastischen Glücksfall« gesprochen, war doch für das kleine Herzogtum mit seiner Residenz von immer noch bescheidenen 6000 Einwohnern eine solche Entwicklung keineswegs selbstverständlich.

Die verwitwete Herzogin Anna Amalia profilierte sich als kunstsinnige Landesherrin. Mit Wie-

Ilmpark mit Goethes
Gartenhaus im
Hintergrund

land holte sie den ersten der großen Literaten 1772 als Prinzenerzieher nach Weimar. Über ihre Regentschaft bis 1775 hinaus entfaltete Anna Amalia in ihrem Wittumspalais, in Schloss Tiefurt und Ettersburg ein breites kulturelles Leben. Ein bleibendes Werk ist der Ausbau des »Grünen Schlosses« zur heute nach ihr benannten Herzogin Anna Amalia Bibliothek. Der Brand der Bibliothek 2004 hat den Blick für die bedeutenden Bestände einschließlich der Reformationszeit auf schmerzliche Weise geschärft (▶ S. 40).

Weimar gilt als Herzstück der bedeutenden Kulturlandschaft Thüringen zwischen Reformation und Goethezeit.

Die Jahrzehnte von der Ankunft Goethes in Weimar 1775 bis zu dessen Tod 1832 bezeichnet man auch als »Goethezeit«. Diese wiederum fällt weitgehend mit der Regierungszeit Herzog Carl Augusts zusammen. Der junge Fürst zog den Autor der Sturm-und-Drang-Bestseller »Götz von Berlichingen« und »Die Leiden des jungen Werthers« an seine Residenz. Die Freundschaft sollte Goethe, schon von den Zeitgenossen als »Dichterfürst« verehrt, dauerhaft an Weimar binden. Dies ließ sich sein Schirmherr auch einiges kosten. So waren das Gartenhaus im Ilmpark und das Wohnhaus am Frauenplan Geschenke des Herzogs. Dieser bezog Goethe als Geheimen Rat auch in die Landespolitik mit ein.

Herder, einer der einflussreichsten Denker der Zeit, kam 1776 als Hofprediger, Generalsuperintendent und Oberpfarrer nach Weimar, wo er bis zu seinem Tode 1803 tätig blieb. Für die Stadtkirche St. Peter und Paul wurde der Freund Goethes sogar zum »Namenspatron«, so dass man heute meist von der Herderkirche spricht. Schiller schließlich, seit 1789 Professor für Geschichte in Jena, zog 1799 nach Weimar. Das Zusammenwirken Goethes und Schillers bis zum Tode des Letzteren 1805 bildet den Kern der »Weimarer Klassik«. Neben dem »Viergestirn« Goethe, Schiller, Herder und Wieland bereicherten zahlreiche Künstler und Wissenschaftler das Weimarer Kulturleben. Hierzu zählt auch das karitative Wirken Johannes Daniel Falks (▶ S. 44).

Die benachbarte Universität Jena stellte ein korrespondierendes Zentrum jener Blütezeit dar. Goethe sah »Jena und Weimar wie die zwei Enden einer großen Stadt«, die in vielerlei Hinsicht aufeinander bezogen waren. Jena war ein früher Schwerpunkt der Philosophie des deutschen Idealismus, wo die Philosophen Fichte, Schelling und Hegel lehrten. Die literarische Frühromantik fand mit dem Wirken eines Kreises junger Intellektueller um die Brüder Schlegel, Tieck, Brentano und Novalis an der Saale ihren Höhepunkt. Das liberale Herzogtum, das 1816 eine der ersten Verfassungen in Deutschland erließ, ermöglichte den Dichtern und Denkern einen intensiven Austausch. Das »Ereignis Weimar-Jena« gilt als ein Höhepunkt der Aufklärung, der der bürgerlichen Gesellschaft und der deutschen Kulturnation

wesentliche Impulse verliehen hat. Mit ihrem maßgeblichen Beitrag zur Schaffung einer Nationalliteratur sah man die Weimarer Klassiker zudem in gerader Linie zu Luthers Bibelübersetzung auf der Wartburg und der 1617 in Weimar gegründeten »Fruchtbringenden Gesellschaft« zur Förderung der deutschen Sprache und Literatur stehen. So konnte sich im historischen Gedächtnis die »Einheit einer frühneuzeitlichen Thüringer Kulturlandschaft« zwischen Reformation und Goethezeit verankern (Georg Schmidt).

Mit der zunehmenden außenpolitischen Bedeutungslosigkeit wurden die thüringischen Kleinstaaten im 19. Jahrhundert zudem auf die Innenpolitik, besonders den Kulturbereich verwiesen. Die großen Traditionen spielten für die meisten Fürstenhäuser eine zentrale Rolle. In diese Zeit reicht die endgültige Ausformung der einmalig dichten Kulturlandschaft zurück. Die Residenzstädte mit ihren Schlössern und Parks, ihren Theatern, Orchestern, Museen und Archiven entfalteten noch einmal ein beachtli-

▼
Blick in die »Himmelsburg« mit dem Arbeitsplatz Bachs an der Orgel im obersten Stockwerk der 1774 durch Brand zerstörten Weimarer Schlosskirche (Gemälde von Christian Richter, um 1660)

Bach und Weimar

Der große Musiker und Komponist Johann Sebastian Bach (1685–1750) steht für einen der Höhepunkte protes-

tantischer Musikkultur. Aus einer verzweigten thüringischen Musikerfamilie stammend, nahm der spätere Leipziger Thomaskantor die ersten Schritte auf der Karriereleiter in seiner näheren Heimat. Nach Organistenstellen in Arnstadt und Mühlhausen führte der Weg des gebürtigen Eisenachers in die Residenzstadt Weimar. Am 14. Juli 1708 trat er seinen Dienst im Herrschaftssitz der wettinischen Herzöge an. Bis 1717 war er hier als Hoforganist und Konzertmeister tätig.

Die Weimarer Jahre sollten beruflich und privat eine erfüllte Zeit werden. Der 23-jährige Musiker steckte voller Tatendrang. Er schrieb einen großen Teil seines Orgelwerkes, über 30 Kantaten und zahlreiche Cembalowerke. Jene Schaffensphase sollte sein gesamtes Werk wesentlich beeinflussen und prägen. In der

Wohnung am Weimarer Markt entfaltete sich zugleich ein freudiges Familienleben. Zwei seiner später selbst als Musiker zu Rang und Namen gelangenden Söhne, Wilhelm Friedemann und Carl Philipp Emanuel, sowie vier weitere Kinder erblickten hier das Licht der Welt.

Dennoch schied Bach schließlich in »Ungnade« gefallen aus Weimar. Die bisweilen schwierige Stellung der Musiker am Hofe und die in Bachs Augen ungerechte Übergehung bei Beförderungen durch Herzog Wilhelm Ernst hatten seinen Abschiedswunsch beschleunigt. Als Reaktion hierauf steckte der Monarch den unbotmäßigen Untertanen kurzerhand für einen Monat in Arrest, bevor Bach Anfang Dezember 1717 Weimar verlassen durfte.

Blick über Weimar
zum Glockenturm
der Gedenkstätte
Buchenwald

ches Kulturleben, die Fürsten investierten in die Pflege von wichtigen Kulturdenkmalen.

Sachsen-Weimar-Eisenach erlebte unter Großherzog Carl Alexander ein »Silbernes Zeitalter« mit dem Wirken Franz Liszts sowie dem Wiederaufbau der Wartburg als Nationaldenkmal und Luther-Erinnerungsort. Zentrales Anliegen war die Pflege des klassischen Erbes. Nach dem Tod von Goethes letztem Nachkommen 1885 wurden mit Goethe-Gesellschaft, Goethe-Nationalmuseum und »Sophien-Ausgabe« der Werke Goethes wesentliche Grundlagen gelegt. Das Goethe- und Schiller-Archiv beherbergt heute eines der größten Literaturarchive. Die Geistesgrößen bekamen Denkmale, allen voran Goethe und Schiller mit dem Doppelmonument von Ernst Rietschel (1857).

Moderne und janusköpfige Kulturhauptstadt

Unter dem letzten Großherzog Wilhelm Ernst scheiterte die Schaffung eines avantgardistischen »Neuen Weimars« durch Harry Graf Kessler und Henry van de Velde. Nach dem Ersten Weltkrieg 1914/18 sollte Weimar darüber hinaus zu einem ex-

ponierten Ort politisch-kultureller Auseinandersetzungen werden. Es rückte zunächst in den Fokus internationaler Aufmerksamkeit als Geburtsort der Weimarer Republik, deren Verfassung am 31. Juli 1919 im Deutschen Nationaltheater verabschiedet wurde. Das Ende der Monarchien 1918 brachte weitere markante Zäsuren. Aus den Kleinstaaten entstand 1920 der Freistaat Thüringen, dessen Hauptstadt Weimar wurde. Parallel hierzu fusionierten die Landeskirchen 1921 zur Thüringer evangelischen Landeskirche. 2009 erfolgte deren Zusammenschluss mit der Kirchenprovinz Sachsen zur Evangelischen Kirche in Mitteldeutschland (EKM).

Am spektakulärsten war freilich der kulturelle Aufbruch. Hieran erinnern die UNESCO-Welterbestätten des Bauhauses, dessen Tradition sich auch die heutige Bauhaus-Universität verpflichtet fühlt. Die 1919 unter Direktor Walter Gropius gegründete Schule sollte zu einem der wichtigsten Impulsgeber der klassischen Moderne in Architektur, Kunst und Design werden, an der sich zugleich die hitzige Politisierung ablesen lässt. Während Lyonel Feininger, Johannes Itten, Josef Albers, Paul Klee, Wassily Kandinsky, Oskar Schlemmer oder László Moholy-Nagy teils völlig neue Wege beschritten, fühlten sich große Teile des Weimarer Bildungsbürgertums einem »bolschewistischen« Niedergang ausgesetzt. Von hier war es nur noch ein kleiner Schritt zur Verfemung als »entartete Kunst«. Schon 1925 musste das Bauhaus nach Dessau umziehen.

Das politische Klima begünstigte auch den Aufstieg der NSDAP, wobei Thüringen als »Mustergau« eine Vorreiterrolle spielte. In Weimar fand 1926 der erste Reichsparteitag nach dem Hitler-Putsch statt, hier gelangten 1930 erstmals Nationalsozialisten auf Ministersessel und hier erfolgte 1932 die »vorgezogene Machtergreifung« mit der Regierung von Gauleiter Fritz Sauckel. Im Dritten Reich ging Thüringen wiederholt voran, bündelte regionale Machtkompetenzen, setzte in der Wirtschaftspolitik Akzente. Nicht zuletzt nutzte man die kulturelle Ausstrahlung von Hitlers »Lieblingsstadt« Weimar, die zu einer »Muster-Gauhauptstadt« ausgebaut wurde. Hieran erinnern sowohl das martialische »Gauforum« (Weimarplatz), als auch das Konzentrationslager Buchenwald, in dem rund 56.000 Menschen ums Leben kamen. Von der Verfolgung der Kirchen zeugt der Fall des »Predigers von Buchenwald«, Paul Schneider, der 1939 als Mitglied der evangelischen Bekennenden Kirche ermordet wurde.

Nach 1945 verlor Weimar seine Hauptstadtrolle im Land Thüringen, das jetzt auch die vormals preußischen Gebiete mit umfasste, an Erfurt. 1952 in der DDR zugunsten kleinerer Bezirke aufgelöst, entstand 1990 das Bundesland Thüringen mit der Hauptstadt Erfurt. Weimar profilierte sich weiter als kreisfreie Stadt von mittlerweile 65.000 Einwohnern besonders im Kultur- und Tourismusbereich. Ein wichtiger Meilenstein war hierbei 1953 die Gründung der Nationalen Forschungs- und Gedenkstätten der klassischen deutschen Literatur in Weimar, der heutigen Klassik Stiftung Weimar. Dabei fiel es lange schwer, mit dem ambivalenten Ruf der Klassikerstadt umzugehen, über deren Dächern der Glockenturm der nahen Gedenkstätte Buchenwald mahnt. Nirgendwo sonst liegen Höhen und Abgründe deutscher Kultur und Geschichte so eng beieinander. Spätestens jedoch seit der Ehrung als »Kulturhauptstadt Europas« 1999 stellt man sich offen jenem vielschichtigen Erbe. In Vorbereitung auf das Reformationsjubiläum 2017 hat man dabei auch beste Voraussetzungen dafür geschaffen, Weimar als bedeutenden Luther- und Reformationsort wiederzuentdecken. ●

▶ **DR. STEFFEN RASSLOFF**
arbeitet als Historiker, Publizist und Kurator in Erfurt und hat zahlreiche Publikationen zur thüringischen Landesgeschichte vorgelegt.

....

▶ **LESETIPP**
Volker Graupner, Städtisches und kirchliches Leben in Weimar kurz vor und während der Frühreformation. In: Joachim Emig/Volker Leppin/Uwe Schirmer (Hg.), Vor- und Frühreformation in thüringischen Städten (1470–1525/30), Köln/Weimar/Wien 2013, 377–402

Steffen Raßloff/Thomas A. Seidel (Red.), Lutherland Thüringen, Erfurt 2013

Steffen Raßloff, Geschichte Thüringens, München 2010

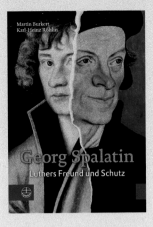
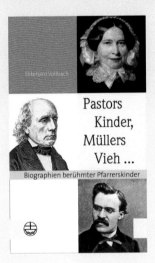

»Von weltlicher Obrigkeit«

*Luthers Weimarer Predigten von 1522 waren ein Meilenstein
für die Entwicklung seines Herrschaftsverständnisses, das als
»Zwei-Reiche-Lehre« in die Geschichte einging*

—

VON CHRISTOPHER SPEHR

Ohne das Engagement der weltlichen Obrigkeiten wäre es nicht zur Reformation gekommen. Und umgekehrt: Ohne Luthers theologische Begründung und Indienstnahme der Fürsten und Herrscher für die Reformation hätte es schwerlich eine evangelische Obrigkeit gegeben. An kaum einem anderen Ort wird dieser Zusammenhang so sinnfällig wie in Weimar. Denn von hier aus regierte zwischen 1513 und 1525 Herzog Johann von Sachsen das ernestinische Thüringen, Vogtland und Franken, während sein Bruder, Kurfürst Friedrich der Weise, von Torgau aus den Kurkreis Sachsen und das angrenzende ernestinisch-meißnische Gebiet leitete. Anders als der zurückhaltende Kurfürst entwickelten Herzog Johann und sein Sohn Johann Friedrich bereits früh Sympathien für Luther und dessen Lehre, welche 1520 zu direkten Kontakten zwischen der herzoglichen Residenz und dem Wittenberger Ketzeranwärter führten. Luthers Antwort auf die Frage, was und wie eine am Evangelium orientierte Obrigkeit sein könne, interessierte den Herzog und seinen Sohn von Anfang an. Während der gebannte und geächtete Luther 1521/22 auf der Wartburg weilte, entwickelte die reformatorische Bewegung ihre eigene Dynamik. Diese erreichte auch Weimar, wo es 1522 zu besonders heftigen Auseinandersetzungen kam. Für die reformatorische Bewegung engagierten sich Teile des Weimarer Hofes und ein Teil der Bürgerschaft. Gegen diese »Neugläubigen« stritten die Weimarer Franziskaner, die massiv Einfluss auf den Hof zu nehmen suchten. In diese Kampfsituation, in welcher der Sieger noch keineswegs feststand, wurde Martin Luther zur Unterstützung an den Hof gerufen.

In Begleitung von Philipp Melanchthon und weiteren Weggefährten reiste Luther nach Weimar, wo die Gruppe am Samstag, dem 18. Oktober 1522, ankam. Am nächsten Tag predigte Luther vor der herzoglichen Familie morgens in der Schlosskirche und nachmittags in der Stadtkirche. Thema waren der christliche Glaube und die christliche Liebe. Nach der Rückkehr von Erfurt, wohin die Reisegesellschaft am 20. Oktober aufgebrochen war, predigte Luther von Freitag, dem 24. Oktober, bis Sonntagnachmittag, dem 26. Oktober, noch insgesamt viermal vor dem Herzog. Mitschriften von Predigthörern haben sich erhalten und zeugen noch heute vom Inhalt der Predigten.

Neben der Kritik am Mönchswesen, an der Messopferpraxis und an den Privatmessen äußerte sich Luther in seiner Predigt am 24. Oktober zum Thema geistliches und weltliches Reich. Auf kritische Rückfragen der Predigthörer entfaltete Luther dann am folgenden Tag erstmals explizit seine Überlegungen zum weltlichen Regiment und zur Obrigkeit, welche im 20. Jahrhundert unter der missverständlichen Bezeichnung »Zwei-Reiche-Lehre« summiert wurden.

Bereits seit dem Spätsommer 1522 hatte sich Luther gelegentlich mit der weltlichen Obrigkeit und deren evangeliumsgemäßer Begründung beschäftigt. Er plante sogar ein Buch über das »weltliche Schwert, wie das mit dem Euangelio übereinkäme«. Aber erst in Weimar traten diese Gedanken gebündelt an die Öffentlichkeit.

Das geistliche Reich – so Luthers Spitze gegen den Papst – wird von Christus und niemand anderem regiert. Dieses Reich solle in die Herzen dringen und durch die Prediger vermittelt werden. Deshalb ruft Luther den Geistlichen zu: »Darum ihr Prediger, predigt das Reich und Evangelium Christi und nichts anderes! Denn das geistliche Regiment und Amt soll nichts anderes sein als eine Botschaft« von Christi Reich (WA 10,3; 378,33–35).

Das Reich Gottes komme ohne Obrigkeit aus, nicht aber das weltliche Reich! Die Gewalt des Schwertes sei den Fürsten und Amtspersonen von Gott gegeben, um Gesetzesbrecher wie Diebe und Mörder zu strafen und gute Menschen zu schützen. Wie obrigkeitliche Regierung genau aussehen soll, überlässt Luther den Experten. Allerdings empfiehlt er dem Herzog, ein genaues Augenmerk auf die Auswahl seiner Berater zu richten. Mit Nachdruck betont Luther die ethische Haltung der Obrigkeit: »Die Herren und weltlichen Herrscher sollen das Schwert ganz christlich gebrauchen, indem sie dem anderen dienen, schützen und zur Hand gehen« (WA 10,3; 380,14 f). Gute Obrigkeit zeichnet sich für Luther somit durch besondere Fürsorge für die sozial benachteiligten Untertanen aus – motiviert durch den Glauben an Gott und die Liebe zum Nächsten.

Luthers sogenannte Obrigkeitspredigten machten in Weimar und beim Herzog tiefen Eindruck. Zeitgleich kam es im benachbarten albertinischen Sachsen zu obrigkeitlichen Maßnahmen gegen Luthers soeben publizierte Übersetzung des Neuen Testamentes. Herzog Georg verbot den Verkauf und Besitz des Werkes, worauf die Frage nach der Legiti-

Titelblatt der »Obrigkeitsschrift« Luthers von 1523

mität von Obrigkeit akut wurde. Im Winter 1522/23 realisierte Luther das bereits angedachte Büchlein, indem er seine Weimarer Obrigkeitslehre mit der kirchenpolitischen Situation verknüpfte. Unter dem Titel »Von weltlicher Oberkeit, wie weit man ihr Gehorsam schuldig sei« erschien die Schrift im Druck und fand rasch weite Verbreitung. Für das lutherische Obrigkeitsverständnis wurde sie grundlegend. Die Weimarer Predigten bildeten hierfür den entscheidenden Schritt. ●

▶ **PROF. DR. CHRISTOPHER SPEHR**
ist Professor für Kirchengeschichte an der Theologischen Fakultät der Friedrich-Schiller-Universität Jena und Herausgeber des internationalen Lutherjahrbuches.

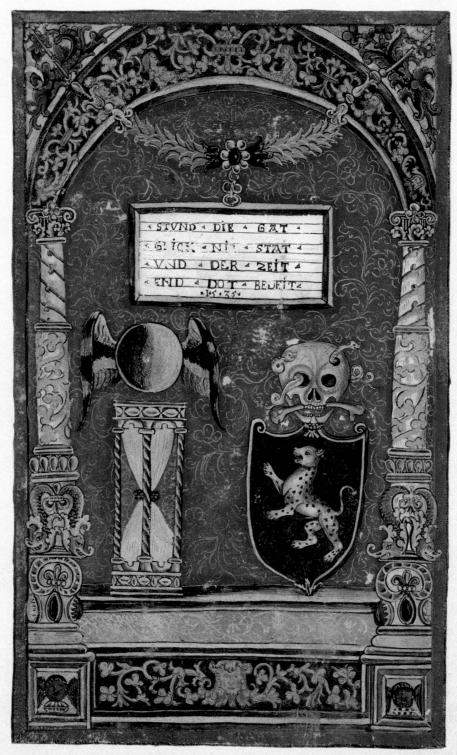

STVND · DIE · GAT ·
GLICK · NI · STAT
VND · DER · ZEIT
END · DOT · BEDEIT ·
· 1535 ·

Exlibris der Luther-Bibel von 1534

Hort der Reformation

*Unter Luthers Schriften in der Herzogin Anna Amalia Bibliothek
ragt die erste Bibel-Gesamtausgabe von 1534 heraus*

—

VON MICHAEL KNOCHE UND JEANINE TUSCHLING

Zu den größten Kostbarkeiten der Herzogin Anna Amalia Bibliothek gehört die erste Gesamtausgabe des Alten und Neuen Testaments von Martin Luther. Nachdem die Übersetzung des Neuen Testaments bereits 1522 erscheinen konnte, beschäftigte sich Luther mehr als zwölf Jahre lang mit der Übersetzung des Alten Testaments. Auch Philipp Melanchthon, der ein hervorragender Kenner der alten Sprachen war, und andere Freunde wirkten daran mit. Zunächst erschienen einzelne Teile der Übersetzung, bevor das Gesamtwerk in Wittenberg bei dem Druckerverleger Lufft fertiggestellt und im Oktober 1534 auf der Leipziger Buchmesse angeboten werden konnte.

Luther und sein Kreis waren keineswegs die Ersten, die die Bibel ins Deutsche übertrugen. Vor ihr gab es bereits 18 gedruckte deutsche Bibeln. Aber Luther war der Erste, der nicht die lateinische Version, die Vulgata, als Quelle nahm und diese Wort für Wort übersetzte, sondern den hebräischen, aramäischen und griechischen Urtext zugrunde legte. Damit verbunden war eine Befreiung vom lateinischen Sprachduktus. So entstand ein lebendiger, verständlicher Text. Luther verwendete eine bildreiche Sprache, die dem gemeinen Mann »auff das maul sehen« wollte. Wenn die Sache es erforderte, erfand er neue Wörter. So sind »Denkzettel«, »Feuereifer«, »Herzenslust« oder »seine Hände in Unschuld waschen« zum ersten Mal bei ihm belegt. Durch den Erfolg seiner Bibelübersetzung wurde Luthers oberdeutsch-ostmitteldeutsche Sprache nicht nur zum Bindeglied der reformatorischen Bewegung, sondern erlangte auch nationale Bedeutung. Die Ausbildung einer einheitlichen hochdeutschen Schriftsprache erhielt durch ihn einen entscheidenden Impuls.

Das Weimarer Exemplar der Ausgabe in zwei Bänden mit den Signaturen Cl I: 58 b und c unterscheidet sich von den etwa 60 übrigen, die weltweit noch erhalten sind, vor allem durch die Ausmalung der 128 Holzschnitte und Bildinitialen. Sie sind nicht bloß koloriert, sondern mit blauen, grünen und roten

Bibliotheksgebäude am Platz der Demokratie

Deckfarben prachtvoll ausgemalt und zum Teil mit Gold gehöht. Nicht nur der gedruckte Text transportierte das Wort Gottes, sondern auch das Bild.

Ein großes Rätsel war bislang die Frage, wie die Ausgabe der Luther-Bibel eigentlich in den Weimarer Bestand gelangt ist. Seit 2014 gibt es jedoch neue Erkenntnisse zur Herkunft aus der Analyse des Bucheignerzeichens, des sogenannten Exlibris, das auf dem Innendeckel eingeklebt ist.

Es ist, wie die Illustrationen in der Bibel selbst, in kräftigen Farben gemalt, deren bis heute ungebrochene Leuchtkraft erstaunlich ist. Zu sehen ist ein reich verziertes Rundbogenportal, das den Rahmen für vier zentral platzierte Elemente bildet: eine Sanduhr, eine geflügelte Kugel, einen Totenschädel, durch dessen Augenhöhlen sich zwei Schlangen winden, sowie ein Wappen. Das Portal ziert eine Schmuckgirlande und eine Tafel mit einem Sinnspruch darauf: »Stund die gat Gluck nit stat vnd der Zeit end dot bedeit.« Darunter das Datum 1535. Das Motto bedeutet: »Die Zeit vergeht, das Glück ist rar, früh bringt der Tod das Ende.« Das Exlibris hat insgesamt einen stark allegorisch-emblematischen Charakter und verweist auf die Vergänglichkeit des menschlichen Lebens.

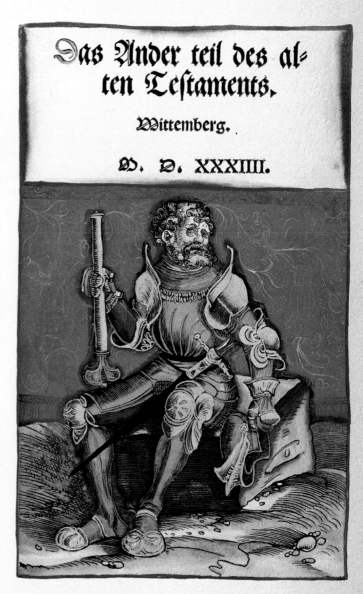

▶
Seite der Luther-
Bibel von 1534

Das Wappen mit einem Luchs auf schwarzem Grund ist mit großer Wahrscheinlichkeit der Familie Honold vom Luchs zuzuordnen. Die Honolds waren ein einflussreiches Patriziergeschlecht aus Kaufbeuren. Möglicherweise stammte die Bibel aus dem Besitz von Anton Honold vom Luchs (1499–1551), der ein früher Anhänger der evangelischen Lehre war und sich längere Zeit am Hofe Friedrichs des Weisen aufhielt. Sein Aufenthalt dort ist vermutlich zwischen dem Jahr 1522 und dem Beginn seiner Amtszeit als Bürgermeister von Kaufbeuren im Jahr 1544 zu datieren, was zum Datum im Exlibris passen würde. Er könnte die Bibel also am Ort ihrer Herstellung erworben haben. Auch ein anderes Familienmitglied, Antons Cousin Hans, kommt als Besitzer oder Schenker der Bibel in Frage. Hans Honold (1479–1540) war ebenfalls evangelischer Konfession und pflegte persönliche Beziehungen zu Martin Luther. Er verbrachte zwischen 1534 und 1535 eine längere Zeit in Wittenberg.

Die Verbindung der Familie Honold nach Weimar ist durch die enge Freundschaft zwischen dem Reformator Kaspar Aquila und Hans Honold gegeben. Schon früh förderte Hans Honold Aquila in Notzeiten, beispielsweise indem er ihm eine Pfarrstelle in einer benachbarten Gemeinde verschaffte. Kaspar Aquila, seit 1527 Superintendent in Saalfeld, trug viel zur Durchsetzung der Reformation in Thüringen bei. Er war Unterstützer des Schmalkaldischen Bundes und verfasste für den Kurfürsten Johann Friedrich den Großmütigen nach der verlorenen Schlacht bei Mühlberg eine Trostschrift, die ihn zur Standhaftigkeit und zur Festigkeit im protestantischen Glauben anhielt (auch sie befindet sich noch heute im Bibliotheksbestand). Es wird vermutet, dass Aquila Martin Luther bei der Übersetzung hebräischer Passagen der Bibel unterstützte. Hans Honold hatte wahrscheinlich durch Kaspar Aquila Kenntnis von der 1534 auf Deutsch erschienenen Bibel und könnte über ihn in Kontakt mit dem Weimarer Fürstenhaus gestanden haben. Es ist gut möglich, dass er dem Fürsten das prachtvolle Exemplar schenkte. Dann wäre die Luther-Bibel von 1534 seit etwa 475 Jahren in Weimarer Besitz.

Reformations- und Klassik-Bibliothek

Obwohl die Herzogliche Bibliothek in Weimar unter dieser Bezeichnung erst fast 150 Jahre nach Luthers Tod gegründet wurde, haben die Weimarer Fürsten die Zeugnisse der Reformation von Generation zu Generation weitergegeben. Die Ernestiner, die seit 1552 Weimar als ihre einzige Residenz betrachteten, haben sich als Schutzmacht der neuen Bewegung verstanden. 1691 begann unter Herzog Wilhelm Ernst von Sachsen-Weimar der zielgerichtete Ausbau der Herzoglichen Bibliothek.

Zunächst war die Bibliothek in drei Räumen des Residenzschlosses, der Wilhelmsburg, untergebracht. Eine größere öffentliche Wirkung konnte die Herzogliche Bibliothek jedoch erst in einem eigenen Gebäude entfalten, das ab 1766 zur Verfügung stand: Herzogin Anna Amalia ließ das »Grüne Schlösschen« aus dem 16. Jahrhundert zur Bibliothek umbauen. Das Haus erhielt im ersten Stockwerk einen repräsentativen Büchersaal mit zwei Galerien im Stil des späten Rokoko. Bedeutende Kunstwerke gehören bis heute zur Ausstattung. 1797 wurden die beiden Staatsminister Goethe und Voigt mit der Oberaufsicht über die Bibliothek betraut. Goethe, Wieland, Herder und Schiller zählten zu den regelmäßigen Benutzern. Die Weimarer Bibliothek rückte damals in die Reihe der bedeutendsten Bibliotheken in Deutschland auf und besaß im Jahr 1832 80.000 Bände.

Im späteren 19. Jahrhundert verlangsamte sich die Entwicklung der Bibliothek. 1919 erfolgte die Umbenennung in Thüringische Landesbibliothek. 1969 wurde das traditionsreiche Haus mit der kleineren Institutsbibliothek den Nationalen Forschungs- und Gedenkstätten der klassischen deutschen Literatur in Weimar unter deren Namen, nämlich Zentralbibliothek der deutschen Klassik, vereinigt. Seit dem 300-jährigen Jubiläum im Jahr 1991 trägt sie den Namen der Herzogin Anna Amalia als ihrer größten Förderin.

Katastrophe und Neubeginn 2004

Als am 2. September 2004 ein verheerender Brand die oberen Stockwerke des Historischen Bibliotheksgebäudes zerstörte, war die Sorge groß, dass auch die beiden Bände der ersten Gesamtausgabe von Luthers Bibelübersetzung mit verbrannt sein könnten. In dieser Nacht sind 37 Kunstwerke und 50.000 Bücher vernichtet worden, weitere 62.000 Bücher wurden beschädigt geborgen. Es war der größte Bibliotheksbrand in Deutschland seit dem Zweiten Weltkrieg.

Glücklicherweise konnte die berühmte Ausgabe, die auf der 1. Galerie des Rokokosaals aufbewahrt wurde, zusammen mit Luthers September- und Dezember-Testament von 1522 im letzten Augenblick aus dem Haus gebracht werden. Die übrige Bibelsammlung, in deren Mitte sie stand, wurde beschädigt. Sie umfasst 648 Ausgaben und ist wohl im Zusammenhang mit den Weimarer Bemühungen um eine neue Bibelausgabe im 17. Jahrhundert (»Weimarer Bibel«, 1641) angelegt worden. Inzwischen sind alle Bibeln restauriert und stehen der Benutzung wieder zur Verfügung.

Auch die anderen Quellen zur Kirchen- und Theologiegeschichte, insbesondere zur Reformation in Sachsen und Thüringen, sind weniger stark vom Brand betroffen gewesen, weil sie überwiegend nicht im Rokokosaal aufgestellt waren und daher unversehrt geblieben sind. Das gilt z. B. auch für die 415 Einzelschriften Luthers, die zu seinen Lebzeiten erschienen sind. Insgesamt haben die Bibliographen 574 dieser Luther-Schriften gezählt, d. h. dass knapp drei Viertel aller zeitgenössischen Lutherdrucke in Weimar vorhanden sind. So finden sich z. B. der Sermon vom päpstlichen Ablass (1518), die Flugschrift An die Ratsherren aller Städte deutschen Landes (1524) oder Die Sendschrift vom Dolmetschen (1530), jeweils in verschiedenen Ausgaben.

Der Bestand umfasst heute wieder eine Million Bände, darunter ca. 200.000 aus der Zeit vor 1850. Die Bibliothek – heute zur Klassik Stiftung Weimar gehörend – versteht sich als For-

Das Weimarer Exemplar der ersten Bibel-Gesamtausgabe Luthers von 1534 ragt durch die prachtvolle Ausmalung seiner Holzschnitte heraus.

schungsbibliothek für Literatur- und Kulturgeschichte mit Schwerpunkt auf der Zeit um 1800. Zu den Kostbarkeiten gehören auch etwa 2000 mittelalterliche und frühneuzeitliche Buchhandschriften (darunter ein karolingisches Evangeliar aus dem 9. Jahrhundert als ältestes Buch im Bestand) und 427 Inkunabeln. Hervorzuheben sind umfangreiche Sammlungen von Stammbüchern, historischen Landkarten und 27 Globen sowie die weltweit größte Faust-Sammlung zur historischen Person Faust und zu künstlerischen Gestaltungen des Faust-Stoffs. Geschlossen aufgestellt sind auch die Bibliotheken von Goethe, der Familie von Arnim, von Liszt, Nietzsche, des Weimarer Büchersammlers Haar und der Deutschen Shakespeare-Gesellschaft.

Die Restaurierung der beschädigten Bucheinbände ist abgeschlossen, aber die Bearbeitung der sogenannten Aschebücher, bei denen das Feuer das Äußere stark angesengt, die Texte im Inneren jedoch nicht oder nur in Teilen zerstört hat, wird noch mehrere Jahre dauern. 2005 konnte das lange vor dem Brand geplante neue Studienzentrum einschließlich eines Tiefmagazins seinen Betrieb aufnehmen. 2007 wurde das sanierte Bibliotheksgebäude durch den Bundespräsidenten wiedereröffnet. Es gehört seit 1998 zum UNESCO-Weltkulturerbe. ●

▶ **DR. MICHAEL KNOCHE**
ist Direktor der Herzogin Anna Amalia Bibliothek Weimar.

DR. JEANINE TUSCHLING
ist Wissenschaftliche Mitarbeiterin der Herzogin Anna Amalia Bibliothek Weimar.

▶ **LESETIPP**
Biblia. Das ist die gantze heilige Schrifft Deudsch. Mart. Luth. Wittemberg [Die Luther-Bibel von 1534]. Vollständiger Nachdruck [des Exemplars aus dem Besitz der Herzogin Anna Amalia Bibliothek]. Köln 2002. 2 Bände und 1 Begleitheft von Stephan Füssel

Freunde in der Not

*Johannes Daniel Falks Institut im Weimarer Lutherhof
leistete karitative Arbeit besonders für Jugendliche*
—

VON CHRISTIAN HAIN

Am 23. September 1817 verfügte Carl August von Sachsen-Weimar-Eisenach, das 300. Reformationsjubiläum im Großherzogtum als ein dreitägiges »großes und allgemeines Reformations-Jubelfest« zu begehen. Auf der Jakobstraße wurde am Abzweig zur Luthergasse eine mit dem Liedvers »Ein feste Burg ist unser Gott« geschmückte Ehrenpforte errichtet, in deren Mitte Luthers Büste ihren Platz fand. Mit Liedern und Vorträgen gestalteten die Zöglinge des Falkschen Instituts zuerst hier und anschließend im Stadthaussaal den zweiten Abend der Reformationsfeierlichkeiten. Gäste erhielten ein mit vier Kupferstichen illustriertes Begleitheft über das Leben des Reformators. Johannes Daniel Falk wusste zu diesem Zeitpunkt noch nicht, dass er mit seinen Jugendlichen vier Jahre später genau in jener Gasse eine neue Bleibe im sogenannten Lutherhof finden würde.

Der 1768 in Danzig geborene Falk hatte 1791 ein in Halle begonnenes Theologiestudium nach zwei Semestern abgebrochen, um sich fortan der Philosophie, den Altertumswissenschaften und der Literatur zu widmen. Als er 1797 dem Rat Christoph Martin Wielands folgend nach Weimar übersiedelte, hatte er bereits mit ersten literarischen Arbeiten auf sich aufmerksam gemacht. In Weimar wollte Falk seinen Traum vom Leben als freier Schriftsteller verwirklichen, aber die Weltgeschichte gab seinem Leben eine andere Richtung. Nach der Doppelschlacht von Jena und Auerstedt am 14. Oktober 1806 kam es in Weimar zu Plünderungen und Brandstiftungen. Mit der Fremdsprache bestens vertraut, setzte sich Falk bei den französischen Soldaten und Offizieren für seine Mitbürger ein. In den folgenden Wochen dolmetschte er für die französischen Stadt-

Johannes Daniel Falk
(Henriette Westermayr, 1805)

kommandanten, rief zu Spendensammlungen auf und koordinierte die Hilfeleistungen. Im Februar 1807 ernannte ihn der Herzog daraufhin zum Legationsrat und verband damit zugleich den Wunsch, dass sich Falk auch ferner für die Interessen Sachsen-Weimar-Eisenachs verwenden möge.

Im Frühjahr 1813 war auf Initiative Falks die Gesellschaft der Freunde in der Not gegründet worden, die nach der Völkerschlacht bei Leipzig Mitte Oktober ihre größte Bewährungsprobe erlebte. Der wohltätigen Vereinigung schlossen sich Frauen und Männer aus allen gesellschaftlichen Schichten der Stadt an, darunter auch Mitglieder der herzoglichen Familie. Als Hilfe zur Selbsthilfe verteilte die Gesellschaft Werkzeuge, Saatgut und Kleidung an Menschen, die unter den Folgen der Napoleonischen Kriege zu leiden hatten. Den Schwerpunkt des karitativen Engagements bildete in den folgenden Jahren die Unterstützung für Heranwachsende im Falkschen Institut. Die jungen Männer wurden zu Handwerksmeistern in Weimar und der näheren Umgebung vermittelt, in deren Familien sie zugleich wohnten. Mädchen und junge Frauen wurden von Lehrerinnen im Nähen, Stricken und Spinnen unterrichtet. Die Zöglinge versicherten, regelmäßig an der in Weimar stattfindenden Sonntagsschule teilzunehmen. Für die Sonntagsschule dichtete Falk 1816 das Dreifeiertagslied, dessen Strophen – jeweils mit dem Vers »O du fröhliche, O du selige« beginnend – Weihnachten, Ostern und Pfingsten gewidmet waren.

Im Frühjahr 1821 musste Falk mit seinem Institut aus dem bisherigen Domizil in der Esplanade (Schillerstraße 18) ausziehen. Falk hatte sich vergeblich bemüht, das Anwesen von den beiden Schwestern Tinette von Reitzenstein und

Friederike Caroline von Beust zu kaufen. Der neue Eigentümer, Hofadvokat Wilhelm Ernst Schwabe, hatte zunächst den Mietvertrag für die Wohnräume der Familie Falk verlängert, aber eine Fortführung des Institutsbetriebs untersagt. Weil sich Falk nicht an die Abmachung hielt, wurde zum 1. April 1821 die endgültige Kündigung ausgesprochen. Die Suche nach einer geeigneten Unterkunft gestaltete sich schwierig: Zum einen wollte kein Vermieter die Jugendlichen des Instituts aufnehmen. Zum anderen lehnte es Johannes Falk ab, das Institut weit außerhalb der Stadtmauern anzusiedeln. Zu wichtig war ihm der unmittelbare Kontakt zwischen den Wohltätern und den unterstützten Zöglingen. Der Lutherhof, dessen bauliche Existenz bis in das Jahr 1491 zurückzuführen ist, entsprach mit seinen mächtigen Mauern den Anforderungen Falks. Das Gebäude lag »mitten in der Stadt« und nach außen »doch gesondert«. Hier wohnte Falk mit seiner Familie und dem Institut zunächst zur Miete; im November 1821 konnte dann der Kaufvertrag unterzeichnet werden. In den folgenden Jahren sanierten die Lehrburschen das gegenüber dem großherzoglichen Marstall und in Sichtweite des Residenzschlosses gelegene Gebäude. Ob Martin Luther während seiner Aufenthalte in Weimar tatsächlich aus der Stadtkirche durch die Luthergasse kommend im Lutherhof nächtigte, ist nicht verbürgt.

Nach Falks Tod 1826 wurde das Institut zunächst von seiner Frau Caroline, seiner Tochter Rosalie und dem ehemaligen Zögling Johann Georg Rettner weitergeführt, bis es 1829 dem großherzoglichen Waiseninstitut angegliedert wurde. Heute erinnert im Lutherhof ein kleines Museum an das Wirken Falks. ●

▶ **DR. CHRISTIAN HAIN**
ist Mitarbeiter im Goethe- und Schiller-Archiv Weimar.

KIRCHEN
DER STADT

*Die großen christlichen Konfessionen der Protestan-
ten, Katholiken und Russisch-Orthodoxen spiegeln
sich in den historisch und kunstgeschichtlich
interessanten Kirchenbauten Weimars wider.
Heraus ragt die für die Reformationsgeschichte
bedeutsame Stadtkirche St. Peter und Paul,
weltweit bekannt als Herderkirche.*

Spiegelbild der Ökumene

In Weimar stehen die Gotteshäuser auch für ein lebendiges
Miteinander der Konfessionen

VON STEFFEN RASSLOFF

▲ **oben**
Katholische
Herz-Jesu-Kirche

▲ **unten**
Russisch-orthodoxe
Kirche der hl. Maria
Magdalena

Das Ackerbürger-städtchen Weimar war in der Reformations-zeit zwar eine der kursächsischen Residenzen, aber keineswegs eine pulsierende Metropole. Entsprechend überschaubar fällt die sakrale Landschaft der historischen Innenstadt aus. Nur zwei Kirchen reichen in die Reformationszeit zurück, die Stadtkirche St. Peter und Paul und die Vorstadtkirche St. Jakob. Die Schlosskirche St. Martin, seit 1521 Wirkungsstätte des ersten evangelischen Predigers, verschwand mit den Bränden des Herrschersitzes. An ihrer Stelle entstand 1847 die neue Schlosskapelle. Das ehemalige Franziskanerkloster wird heute von der Musikhochschule genutzt. Seine Klosterkirche ist nur in Resten erhalten. Hinzu kommen das jenseits der Altstadt errichtete russisch-orthodoxe und das katholische Gotteshaus.

Das beherrschende historische Bauwerk der Altstadt neben dem Schloss ist die Stadtkirche St. Peter und Paul, auch »Herderkirche« genannt. Um 1500 als spätgotischer Hallenbau fertiggestellt, predigte hier Luther mehrfach. Auch dank des weltbekannten Cranach-Altars besitzt die Kirche einen hohen Stellenwert als Ort der Reformation. Später barock überformt, erhielt sie durch das Wirken Johann Gottfried Herders den Charakter einer Klassikerstätte (▸ S. 16).

Die Kirche St. Jakob diente einst als Pilgerkirche auf dem Weg nach Santiago de Compostela. Ihre Geschichte reicht bis in das Jahr 1168 zurück. Nach der Reformation musste sie zeitweise geschlossen werden. Allmählich aber gewann die Jakobskirche, deren Kirchhof viele Gräber bekannter Persönlichkeiten aufweist (Lucas Cranach d. Ä., Christiane von Goethe, J. K. A. Musäus), als evangelische Vorstadtkirche wieder an Bedeutung. Der Neubau erfolgte 1712/13 unter Herzog Wilhelm Ernst. Nach dem Schlossbrand 1774 diente sie auch als Hofkirche, an der Herder predigte. 1805 wurde Schiller im Kassengewölbe beigesetzt, 1806 wurden Goethe und Christiane Vulpius in der Kirche getraut. Der Kanzelaltar stammt von 1817, die schlichte klassizistische Raumfassung wurde 1883 neobarock umgestaltet. In der DDR-Zeit bereiteten hier kritische Bürgergruppen der Friedlichen Revolution maßgeblich den Weg. Seit 1992 wurde die Kirche grundlegend saniert. Sie zeigt sich heute hell und einladend für Besucher und Gemeinde, mit Gottesdiensten und musikalischen Veranstaltungen.

Die russisch-orthodoxe Kirche der hl. Maria Magdalena wurde von Herzog Carl Alexander nach dem Willen seiner Mutter Maria Pawlowna († 1859) erbaut. Deren letzter Wille war es, nach dem Ritus der Orthodoxen Kirche bestattet zu werden. 1860 erfolgte neben der Gruft der Herzöge der Bau der Kirche, deren Grundstein auf herbeigeschaffter russischer Erde gelegt wurde. Architekt Ferdinand Streichhan leitete den Bau nach in Moskau angefer-

tigten Zeichnungen. Der Ikonostas wurde von russischen Künstlern im Stil des 19. Jahrhunderts geschaffen. Die Wandmalereien stammen von Hermann Wislicenus. Heute beherbergt die Kapelle auf dem Historischen Friedhof eine orthodoxe Kirchengemeinde.

Die katholische Herz-Jesu-Kirche ist die jüngste der Weimarer Kirchen. Nach der Reformation hatte es lange keine Gemeinde in der Stadt gegeben. Erst 1817 wurde die katholische Pfarrei von Jena, die dort durch Napoleon gegründet worden war, nach Weimar verlegt. Zu ihr zählten bedeutende Persönlichkeiten wie Franz Liszt. Auf Wunsch Großherzog Carl Alexanders entwarf Dombaumeister Max Meckel aus Limburg eine Kirche im Stil der italienischen Renaissance, die 1891 eingeweiht wurde. Als Vorbild diente der Dom von Florenz, das Innere dominieren neogotische Elemente. Die Kirche besitzt zudem den umfangreichsten Glasmalereibestand des 19. Jahrhunderts in Thüringen. Seit 2011 steht die neue Franz-Liszt-Gedächtnisorgel der Musikhochschule und der Kirchengemeinde zur Verfügung.   ●

Kultur für die bleibenden Eindrücke

»Greift nur hinein ins bunte Menschenleben!«
Johann Wolfgang von Goethe, Faust I

—

VON UTA KÜHNE

Goethe hat es einst als Hoftheater gegründet. Heute ist das Deutsche Nationaltheater Weimar Staatstheater

Die Thüringer Bachwochen gastieren regelmäßig in der Stadtkirche St. Peter und Paul

Weimar ist auch heute eine lebendige Kulturstadt, deren Höhepunkte das ganze Jahr über für Unterhaltung, kreativen Diskurs und bleibenden Eindruck sorgen. Ob klassisch oder modern, im Festsaal oder Open-Air: Der Veranstaltungskalender bietet das ganze Jahr über reichlich Abwechslung und macht immer wieder neugierig auf die Kulturstadt.

Das Deutsche Nationaltheater Weimar ist ein kultureller Mittelpunkt der Stadt. Es pflegt (natürlich) das klassische Erbe und greift dabei nicht selten auf die Werke von Goethe und Schiller zurück. Das Publikum hat die Wahl: den Klassiker am klassischen Ort oder die Auseinandersetzung mit zeitgenössischen und nicht weniger unterhaltsamen Stoffen.

Nach Johann Sebastian Bachs oder Franz Liszts Weimarer Jahren ist Weimar immer eine Musikstadt geblieben. Hier weilten Franz und Clara Schumann, Richard Wagner, Felix Mendelssohn-Bartholdy, Hector Berlioz, Niccolo Paganini oder Carl Maria von Weber und hinterließen ihre Spuren. Die Staatskapelle Weimar sorgt heute regelmäßig für musikalische Höhepunkte in Weimars Kulturkalender. Hinzu kommen die zahlreichen Festivals mit großen und kleineren Formaten.

ⓘ Mehr Informationen zu touristischen Angeboten und Veranstaltungen erhalten Sie unter www.weimar.de und in der Tourist Information Weimar am Markt 10. (Tel. 03643.7450, tourist-info@weimar.de)

Weimarer Sommer

vertreten: Die Hochschule für Musik FRANZ LISZT lädt zu den Meisterkursen, der Yiddish Summer feiert seine Jam-Sessions, das Sommertheater Tiefurt inszeniert am klassischen Musenhof und die ganze Stadt feiert Ende August Goethes Geburtstag. Das Kunstfest setzt viel beachtete Akzente mit zeitgenössischen Produktionen.

◄

Eine ganze Stadt feiert den Goethe-Geburtstag. Am Römischen Haus wird dem Dichter mit einem unterhaltsamen Freiluftprogramm gehuldigt

▼

Zum größten Klassik-Open-Air in Thüringen lädt die Staatskapelle im Weimarer Sommer auf der Seebühne im Weimarhallenpark

Künstler und Publikum erobern Weimars Parks und Plätze, treffen sich zu Kunst und Kultur, feiern und tanzen, lauschen und genießen. Der Weimarer Sommer hat sich etabliert als eine der abwechslungsreichsten Veranstaltungsreihen der Stadt. Von Juli bis in den frühen September hinein vergeht kein Tag ohne sommerlichen Kulturgenuss. Große Kunst und leichte Muse geben sich ein Stelldichein und rücken Weimar noch ein bisschen näher an die lässige Eleganz Norditaliens.

Neben den ganz großen Ereignissen wie dem Klassik-Open-Air der Staatskapelle Weimar im Weimarhallenpark, dem Video-Fassaden-Festival Genius Loci Weimar oder dem Kunstfest Weimar sind es viele kleinere Reihen, die unter freiem Himmel und in Konzertsälen höchst unterhaltsame Akzente setzen. Nahezu alle Weimarer Kultur-Sparten sind

Die wichtigsten Kultureinrichtungen auf einen Blick

Bauhaus-Museum Weimar
Theaterplatz 1, Mi–Mo 10–16/18 Uhr

Fürstengruft
Historischer Friedhof am Poseckschen Garten
Mi–Mo 10–16/18 Uhr

Goethes Gartenhaus
Park an der Ilm, Di–So 10–16/18 Uhr

Goethe-Nationalmuseum
Frauenplan 1, Goethes Wohnhaus und
Ausstellung »Lebensfluten – Tatensturm«
Di–So 9.30–16/18 Uhr

Goethe- und Schiller-Archiv
Hans-Wahl-Straße 4,
Wechselnde Ausstellungen
Mo–Fr 10–18 Uhr, Sa–So 11–16 Uhr

Haus Hohe Pappeln
Belvederer Allee 58, Di–So 11–17 Uhr

Herzogin Anna Amalia Bibliothek
Platz der Demokratie 1, Di–So 9.30–14.30 Uhr

Liszt-Haus
Marienstraße 17, Mi–Mo 10–16/18 Uhr

Neues Museum Weimar
Weimarplatz 5 (wieder ab 2016 geöffnet)

Nietzsche-Archiv
Humboldtstraße 36, Di–So 11–17 Uhr

Park an der Ilm
ganzjährig frei zugänglich

Parkhöhle im Park an der Ilm
Eingang beim Liszt-Haus, Mi–Mo 10–16/18 Uhr

Römisches Haus
Park an der Ilm, Mi–Mo 10–18 Uhr

Schillers Wohnhaus und Schiller-Museum
Schillerstraße 12, Di–So 9.30–16/18 Uhr

Schloss Belvedere
Weimar-Belvedere, Di–So 10–18 Uhr
mit Orangerie Belvedere, Langes Haus mit
wechselnden Ausstellungen und Schlosspark
Belvedere (ganzjährig frei zugänglich)

Schloss Tiefurt
Hauptstraße 14, Weimar-Tiefurt
Di–So 10–18 Uhr, mit Schlosspark Tiefurt
(ganzjährig frei zugänglich)

Stadtschloss Weimar mit Schlossmuseum
Burgplatz 4, Di–So 9.30–16/18 Uhr

Wittumspalais
Am Palais 3, Di–So 10–16/18 Uhr

Schlosspark Ettersburg
Ettersburg, ganzjährig frei zugänglich

Impressum

DR. STEFFEN RASSLOFF
Herausgeber und
verantwortlicher Redakteur

MARK SCHMIDT
Leiter Marketing der weimar
GmbH

www.luther2017.de

WEIMAR
ORTE DER REFORMATION
Journal 26

Herausgegeben von Steffen
Raßloff und Mark Schmidt

Die Deutsche Bibliothek ver-
zeichnet diese Publikation in der
Deutschen Nationalbibliographie;
detaillierte bibliographische
Daten sind im Internet über
http://dnb.ddb.de abrufbar.

© 2015 by Evangelische
Verlagsanstalt GmbH · Leipzig
Printed in Germany · 7928

IDEE ZUR JOURNALSERIE
Thomas Maess, Publizist,
und Johannes Schilling,
Reformationshistoriker

GRUNDKONZEPTION
DER JOURNALE
Burkhard Weitz,
chrismon-Redakteur

COVERENTWURF
NORDSONNE IDENTITY, Berlin

COVERBILD
Maik Schuck

LAYOUT
NORDSONNE IDENTITY, Berlin

BILDREDAKTION
Steffen Raßloff

ISBN 978-3-374-04117-6
www.eva-leipzig.de

Bildnachweis

weimar GmbH: Cover, S. 4/5,
S. 10, S. 11, S. 12, S. 13, S. 14, S. 16,
S. 22, S. 26, S. 27, S. 33, S. 34,
S. 36, S. 46/47, S. 48, S. 49, S. 50,
S. 51

Deutsches Nationaltheater
Weimar: S. 12, S. 18, S. 50

Klassik Stiftung Weimar: S. 14,
S. 19, S. 20, S. 23, S. 24, S. 25,
S. 28/29, S. 30, S. 31, S. 35, S. 44

Herzogin Anna Amalia
Bibliothek: S. 39, S. 40, S. 41, S. 42

Alexander Raßloff: S. 9

André Mai: S. 51

privat: S. 1, S. 52, S. 53